KB190173

기도 성취의 지름길

기도 성취의 지름길

우룡큰스님 지음

효림

기도 성취의 지름길

지은이 우룡스님
엮은이 김현준
펴낸이 김연지
펴낸곳 효림출판사

초 판 1쇄 펴낸날 2019년 1월 20일
        4쇄 펴낸날 2022년 3월 10일

등록일 1992년 1월 13일 (제2-1305호)
주 소 서울특별시 서초구 반포대로14길 30, 907호 (서초동, 센츄리Ⅰ)
전 화 02-582-6612, 587-6612
팩 스 02-586-9078
이메일 hyorim@nate.com

값 4,500 원

표지 사진 : 무위사 극락보전 백의관음 벽화 (성보문화재연구원 제공)
잘못 만들어진 책은 바꿔 드립니다.

머 리 말

요즘 많은 이들이 열심히 기도합니다. 그런데 왜 기도합니까? 가족의 행복을 위해, 그리고 심중 소원을 이루고자 기도합니다.

그럼 가족의 행복을 위하고 심중 소원을 이루기 위해서는 어떻게 기도해야 하는가? 간단합니다.

원의 씨를 잘 심어야 하고, 마음밭에 뿌린 원의 씨앗을 적절히 잘 가꾸어야 합니다. 그렇게만 하면 소원이라는 열매가 빨리 열리고 빨리 익게 됩니다.

이 책은 월간「법공양」에 2018년 7월호부터 12월호까지 6개월 동안 연재한 글을 한데 묶어 발간하였는데, 전체가 크게 두 부분으로 나누어져 있습니다.

제1부는 가족 행복을 위한 기도 방법이요, 제2부는 원성취를 빨리 하려면 어떠한 마음가짐으로 어떻게 기도해야 하는지에 관한 내용입니다. 한마디로 요약하면 기도를 하여 행복을 이루는 원리를 담았다고 할 수 있습니다.

그러므로 이 원리에 따라 기도하면 능히 심중소원을 성취할 수 있습니다. 부디 잘 읽고 기도하여, 가정이 행복해지고 뜻하는 바가 모두 이루어지기를 간곡히 기원합니다.

모두가 기도를 통하여 바라밀다波羅蜜多하옵기를!

불기2563년 새해 아침
경주 남산 함월사에서

우룡 합장

차 례

차 례

제2부

빠른 기도 성취의 길

제1부

가족 행복을 위한 기도

I. 맺힌 것을 푸는 참회 기도

지은 죄가 한이 없다

불교에서는 '윤회輪廻'라는 단어를 즐겨 씁니다. 지옥·아귀·축생·인간·아수라·하늘의 여섯 세계를 옮겨 다니는 육도윤회六道輪廻를 비롯하여, 생사윤회生死輪廻·윤회전생輪廻轉生·유전流轉이라는 말을 자주 사용하고 있습니다.

대부분의 불자들이 윤회를 믿고 있지만, 일부는 전생과 내생이 눈에 보이지도 않고 감지되지도 않는다고 하여 윤회 자체를 무시하는 경향이 있습니다.

　하지만 윤회는 전생·금생·내생에만 적용되는 것
이 아니라, 우리들 주위에서 끊임없이 일어나고 있
습니다. 결코 윤회를 먼 과거와 먼 미래의 일로 해
석하려 해서는 안 됩니다. 생각들이 끊임없이 바뀌
면서 이어지는 것이 윤회요, 흥망성쇠가 계속되는
생활 그 자체가 바로 윤회의 모습입니다. 한마디로
요약하면, 윤회는 '씨앗이 열매 되는 것'입니다.

　씨앗은 씨앗에서 끝이 나지 않습니다. 씨앗이 땅
에 묻히게 되면 물도 있어야 하고 거름도 주어야
합니다. 그야말로 매일매일 가꾸어야 합니다.

　이 가꾸는 방법에는 여러 가지가 있을 수 있습니
다. 하지만 그 씨앗이 그 열매가 된다는 사실은 변
할 수 없습니다. 그 씨앗으로 그 열매를 맺는 것!
이것이 바로 윤회입니다.

　그렇다면 씨앗은 무엇인가? 우리의 마음가짐입니
다. 좋은 마음가짐으로 살면 좋은 결과가 오고, 나

쁜 마음가짐으로 살면 나쁜 열매를 거둘 수밖에 없습니다.

언제나 '고맙습니다', '감사합니다' 하면서 기쁨 속에서 살면 우리가 사는 이곳을 즐거움의 나라로 만들 수 있고 집안을 행복과 화합의 장소로 만들지만, 마음속에 한을 품고 근심을 품고 살면 '나'의 몸은 병들고 집안에는 불화가 깃들기 마련입니다.

씨앗이 열매가 되는 도리! 이 윤회의 법칙을 잘 알면 나의 인생과 가정을 윤택하게 가꿀 수 있습니다. 향상의 길로 나아갈 수 있습니다. 그러나 윤회의 법칙을 무시하고 '나'의 욕심, 나의 감정으로 살면 그 열매는 참담할 수밖에 없습니다.

❀

경상남도 의령의 어느 곳에는 얼마 전까지 벽진 이씨들이 살았는데, 약 180년 전에 참판을 지낸 지체 높은 양반이 양갓집 처녀를 데리고 와서 며느리를 삼았습니다. 다섯 살 아들에 열다섯 살 며느리….

참판은 며느리를 볼 때가 되어 며느리를 데리고 온 것이 아니었습니다. 집안일을 돌보게 하기 위해, 더 직설적으로 표현하면 부려먹기 위해 데려온 것입니다.

그렇게 10여 년의 세월이 흘러 아들이 남자 구실을 하게 되었을 때 며느리는 이미 한물 건너간 여인이 되었기에, 아들은 나이 많은 아내를 멀리하고 바깥으로만 눈을 돌렸습니다.

이러한 아들에게 새로운 아내를 맺어주기 위해 참판은 일을 꾸몄습니다. 집안 머슴으로 하여금 며느리를 겁탈하게 하고 그 현장을 덮친 것입니다.

"아랫것들과 몹쓸 짓을 한 몹쓸 년!"

누명을 덮어씌운 참판은 살아 있는 며느리를 자루에 넣어 거꾸로 파묻게 했습니다. 재앙을 막는다는 뜻에서 양밥을 한 것입니다.

정녕, 산 채로 땅에 거꾸로 파묻혀야 했던 며느리의 원한은 어떠했겠습니까? 그녀는 죽어서 복수를 시작하였고, 집안사람들은 하나씩 하나씩 죽어갔습니다. 마침내 150년, 6대째 내려와서는 그 집안의 직계는 물론 외척까지도 완전히 대가 끊어졌습니다.

¿

참판은 자기의 욕심과 아들의 욕심을 충족시키기 위해 죄 없는 며느리를 무참하게 죽였습니다. '나'의 욕심을 씨로 삼아 음모를 꾸미고 누명을 씌어 죽음의 열매를 거둠으로써, 며느리는 다시 원한의 씨를 심게 되었고, 마침내 복수의 피를 뿌려 '멸족'이라는 비참한 열매를 거두게 된 것입니다.

마음가짐. 마음가짐은 그 무엇보다 중요합니다. 우리의 마음에 어떤 씨를 심고 어떻게 가꾸느냐에 따라 인생은 판이하게 달라집니다. 마음의 그릇된 응어리는 상상할 수조차 없는 무서운 결과를 초래

합니다. 마음속의 응어리가 지옥·아귀·축생계인 삼악도三惡道를 열고, 그릇된 윤회의 길에 빠져들게 합니다.

열매는 지금도 익고 있다

죽고 난 후라야 비로소 과보를 받는 것이 아닙니다. 금생에 뿌린 씨앗을 부지런히 가꾸면 가꿀수록 열매는 빨리 열리고 빨리 익게 됩니다. 정확히 말하면, 지금 이 순간에도 열매는 이미 익어 가고 있습니다.

❀

약 1백여 년 전, 일본 큐슈의 한 조그만 암자에 마을 사람들을 상대로 돈놀이를 하는 스님이 살고 있었습니다. 스님은 돈놀이를 참으로 철저하게 했습니다. 이자를 받을 날이나 원금 받을 날이 3일 앞으로 다가오면 꼭 돈을 빌려 간 사람을 찾아가 통보를 했습니다.

"다가오는 10일 날이 이자를 낼 날이야. 꼭 가져와."

"3일 후면 원금을 갚아야 돼. 돈 준비해 둬."

소리를 질러대는 스님 앞에서는 모두가 "예, 예." 하며 굽신거렸지만, 돌아서면 욕하고 손가락질했습니다.

"도道는 덮어 두고 돈만 밝히는 땡추!"

그러나 마을 주민들은 달리 돈을 빌릴 곳이 없었기 때문에, 싫든 좋든 스님을 찾아갈 수밖에 없었습니다.

그러던 어느 해 여름, 스님에게 돈을 빌린 마을 청년 한 사람이 암자로 찾아갔습니다. 돈을 갚을 기한이 열흘 정도 남았지만, 마침 목돈이 생긴데다 빚 독촉을 받기 싫어 미리 갚으러 간 것입니다.

스님은 낮잠을 자고 있었습니다. '깨워서 돈을 주고 갈까?' 하다가, 깨워 놓으면 짜증을 부리고 신경질을 낼 것이 틀림없었으므로, 암자의 이곳저곳을 둘러보며 기다리기로 했습니다.

그때 청년의 눈에 뱀 한 마리가 들어왔습니다. 마루 밑 댓돌에서 대문까지의 정원에 가지런하게 놓은 건너돌 중 세 번째 위에, 한 마리의 뱀이 올라앉아 돌 밑을 자꾸 쳐다보는 것이었습니다.

'심심하던 차에 잘 만났다.'

청년은 팥알만 한 왕모래를 주워 '톡톡' 뱀을 향해 던졌습니다. 왕모래는 뱀의 몸에 맞기도 하고 빗나가기도 하였지만, 뱀은 왕모래를 맞을 때도 꿈쩍을 하지 않고 있었습니다.

'이상하다? 어찌 왕모래를 맞고도 꿈쩍하지 않지?'

야릇한 호기심에 청년은 약간 굵은 돌 하나를 주어 힘껏 뱀을 향해 던졌고, 돌은 정확히 뱀의 이마 부분에 맞았습니다. 바로 그 순간, 방 안에서 낮잠을 자고 있던 스님이 비명을 질렀습니다.

"아이쿠!"

스님의 비명소리에 놀란 청년은 뱀의 생사여부를 확인할 겨를도 없이 소리쳤습니다.

"스님! 왜 그러십니까?"

"어, 자네 왔는가? 어떻게 왔는가?"

동네 청년을 발견하고 멋쩍어하는 스님의 이마에는 시뻘건 피멍이 맺혀 있었습니다.

'야, 이것은 보통 일이 아니다. 돌은 분명히 뱀이 맞았는데 어째서 스님의 이마에 피멍이 든 것일까?'

문득 묘한 생각이 든 청년은 넌지시 물었습니다.

"스님, 돈 많지요?"

"나한테 무슨 돈이 있을라구. 돈 없다."

"그래도 사람들 모두가 스님 돈을 빌려 쓰잖아요?"

"이 사람한테 돈을 받아 저 사람에게 주고, 저 사람에게 돈을 받아 또 다른 사람에게 주는 거지. 내게 무슨 돈이 있겠느냐?"

"스님, 저는 스님께서 돈을 감추어 놓은 곳을 알

고 있습니다. 저기 세 번째 건너돌 밑에 감추어 놓
으신 것 맞죠."

순간, 스님은 파랗게 질려 몸을 부들부들 떨면서
소리쳤습니다.

"이놈! 네가 그것을 어떻게 알았느냐?"

청년은 차분하게 말했습니다.

"스님, 잘 생각해보십시오. 스님의 몸뚱이는 방에
있었지만, 스님의 정신은 벌써 다음 몸뚱이가 되어
돌 밑의 돈을 지키고 있었던 것이 아닙니까?

제가 여기에 온 지는 한 시간가량 되었는데, 언제
부턴가 저 세 번째 건너돌 위에 뱀이 올라앉아 자
꾸만 돌 밑을 살피고 있었습니다. 무료하던 차에
왕모래를 집어 던졌는데, 맞고도 까딱하지 않기에
이상한 생각이 들어 굵은 돌을 주워 던졌습니다.
돌은 뱀의 이마에 맞았는데 왜 비명은 스님이 질렀
습니까? 주무시는데 천정에서 무엇이 떨어졌습니
까? 왜 이마에 피멍이 들었습니까?

스님, 조심하십시오. 스님의 육신은 방안에서 코를 골며 자고 있었지만, 스님의 정신은 뱀이 되어 돈을 지키고 있었던 것입니다. 이런 말씀을 드리면 스님께 다시는 돈을 빌리러 올 수 없을 것이고, 스님께서 저를 미워하여 사사건건 헐뜯겠지만, 말씀을 드리지 않을 수 없었습니다. 제발 정신을 차리십시오."

그 일이 있고 보름 정도 지났을 때, 스님은 건너 돌 밑에 감추어 놓았던 돈을 모두 파내어 가난한 마을 사람들에게 골고루 나누어 주었습니다. 그리고 돈을 빌려줄 때 받은 차용증서들을 마을 사람들이 보는 앞에서 모두 태워버린 다음, 어디론지 멀리 떠나갔습니다.

§

실제로 있었던 이 이야기에서처럼, 인간의 용심用心은 이처럼 무섭습니다. 마음에 깊은 집착이 있고 응어리가 있으면, 현재의 몸뚱이가 다하기도 전에 다음 몸뚱이가 생기는 것입니다.

　이제 스스로를 돌이켜보십시오. 내가 어떻게 살아 왔고 어떻게 살고 있는지를….

　'잘못 살았고 잘못 살고 있다.'

　'그 사람에게 참으로 못할 짓을 했구나.'

　만일 이러한 생각이 분명히 떠오른다면 이제부터 참회하십시오. 가까운 사람부터 시작하여 눈에 보이지 않는 먼 사람들에게까지….

참회는 좋은 인연 만들기

불교의 참회문 가운데 가장 대표적인 책은『자비
도량참법慈悲道場懺法』입니다. 10권으로 된 꽤 많은
분량의 이 책에도 "가족이 원수인 줄 알아야 한다"
는 구절이 많이 나오고 있습니다.

가족이 원수…. 대부분의 사람들은 원수가 아무
것도 모르는 남남의 사이에서 맺어지는 것으로 생
각을 합니다. 하지만 큰 원수는 남남 사이보다 부
모자식, 연인·부부 등 결코 무시할 수도 없고 무시
당할 수도 없는 사이에 더 쉽게 깃들게 됩니다.

나는 인연법과 인과의 도리를 깨달으면 깨달을수
록 "가족이 원수인 줄을 알아야 한다"는『자비도량
참법』의 말씀이 절실하게 와 닿습니다.

가만히 생각을 해보십시오. 만일 우리의 가족들

이 좋은 인연으로만 만났다면 가족 때문에 속이 상하겠습니까? 아닙니다. 속도 상하지 않아야 하고, 짜증도 화도 나지 않아야 하고, 불필요한 신경도 쓰이지 않아야 합니다.

허나 어떻습니까? 가족 중의 누군가 때문에 화가 나고 신경이 쓰이고 짜증이 나고 속이 상합니다. 이것이 무엇입니까? 그 가족과의 사이에 좋지 않은 인연이 얽혀 있다는 증거입니다. 좋은 인연만으로 만났으면 언제나 반갑고 즐겁고 흐뭇해야 할 텐데, 좋지 못한 인연도 가지고 만났으니 괘씸하고 얄밉고 야속한 생각이 일어나는 것입니다.

그런데 묘한 것은 인연이 우리의 뜻과는 관계없이 먼저 다가선다는 것입니다. 좋은 인연을 바라지만 어느덧 나쁜 인연이 우리의 앞을 가로막는다는 것입니다.

보다 정확히 이야기하면, 내가 이미 맺어 놓은 깊은 인연은 반드시 나와 함께 하기 마련입니다. 그러므로 우리는 언제나 지금의 인연을 가꾸며 살아야 합니다. 좋은 인연을 만났든 나쁜 인연을 만났든 그 인연을 가꾸며 살아야 합니다.

가까운 인연이라고 하여 함부로 하면 안 됩니다. 가족일수록 서로 말조심하고 행동 조심하고 마음가짐을 조심해야 합니다. 서로가 가깝다는 이유로 말과 행동과 생각을 함부로 하면, 다생다겁동안 맺었던 미움과 핍박과 원한의 업이 한꺼번에 터져 나와 걷잡을 수 없는 불행 속으로 빠져들게 됩니다.

인생살이의 가장 큰 장애는 서로 간의 보이지 않는 매듭이요 마음속에 맺힌 응어리입니다. 따라서 맺힌 매듭을 풀고 응어리를 풀면 장애는 사라지고 행복은 저절로 깃들게 됩니다.

그렇다면 맺힌 매듭을 풀고 마음속 깊은 곳에 도사리고 있는 응어리를 푸는 가장 좋은 방법은 무엇인가? 바로 참회懺悔입니다. 잘못했다고 하는 것입니다.

그런데 눈에 보이고 마음으로 느낄 수 있는 잘못은 쉽게 참회할 수 있고 응어리를 녹일 수 있지만, 눈에 보이지 않는 깊은 매듭을 참회한다는 것은 결코 쉬운 일이 아닙니다. 우선 '나' 자신이 수긍을 할 수 없기 때문입니다.

세상을 살다 보면 다음과 같은 생각이 들 때가 더러 있습니다.

'나는 아무런 잘못이 없는데 어찌 남들처럼 잘 살지 못하는가?'

'왜 나에게만, 우리 집안에만 이와 같은 불행이 찾아드는 것인가?'

그 까닭은 지나간 많은 생애 동안 내가 쌓은 업業과 원결과 빚 때문에 생겨난 불행입니다.

지금 원인을 알 수 없다고 그냥 무시할 일이 아닙니다. 눈에 보이지 않는다고 자포자기할 일도 아닙니다. 전생에 맺은 빚과 원결이 크면 클수록 불행이 큰 법이요, 불행이 크면 클수록 참회도 간절히,

정성을 다해야 합니다.

실로 간절히, 정성을 다해 참회하면 녹아내리지 않을 응어리가 없습니다. 참회 기도를 지극히 하면 어떠한 원결도 풀어집니다. 원결이나 응어리만 풀어지는 것이 아니라, 행복과 영광도 함께 깃들게 됩니다.

부디 맺힌 것이 있고, 노력을 했는데도 잘 풀리지 않는 일이 있으면 참회하십시오. 참회는 결코 어려운 것이 아닙니다. 아주 경건하게 '잘못했습니다' 하는 것이 참회입니다. '나'를 죽이고 정성을 기울이면서, '모두 참회합니다'고 하면 됩니다.

단 한 가지, '관세음보살'·'지장보살' 등을 염불하거나, 신묘장구대다라니를 외우거나, 반야심경·지장경 등의 경전을 독경 사경하거나, 예불대참회문을 읽고 108배를 올리면서 참회할 것을 부탁드립니다.

그냥 참회를 할 때보다, 염불·주력·독경·사경·

절을 하면서 참회를 하면 일어나는 그릇된 생각들을 쉽게 제어할 수 있기 때문입니다. 곧 그렇게 하고 있는 동안은 더 이상 죄를 짓지 않게 된다는 것입니다.

관세음보살을 외우며 참회하고 있을 때 '저 사람, 죽어버렸으면' 하고 생각해본 일이 있습니까? 이기심, 자존심을 버리고 기도하는 동안에는 적어도 '나'의 감정과 그릇된 욕심을 좇아가지는 않게 됩니다.

염불·주력·독경·사경·예불, 무엇이라도 좋습니다. 어느 하나를 택하여 부지런히 기도하십시오. 그 시간에는 결코 죄를 짓지 않게 되고 공덕을 쌓게 됩니다. 그리고 참회를 통하여 잘못했음을 시인하고 좋은 인연을 축원하면, 지나간 시간에 지은 죄는 녹아들고 응어리는 저절로 풀어집니다.

나아가 열심히 참회 기도를 하다 보면 문득 삼매에 들게 되고, 삼매에 들면 '나'라는 아상이 저절로

떨어져 나가면서 대우주의 영광과 행복을 나의 것
으로 만들 수 있습니다.

진심으로 참회하라

모든 허물, 모든 불행, 모든 응어리는 내가 만든 것입니다. 나의 이기심, 나의 욕심, 나의 감정이 만든 것입니다. 그러므로 이것을 풀 사람 또한 나입니다.

이기심 가득한 나가 아니라 이기심을 비울 줄 아는 나, 욕심에 사무친 나가 아니라 남을 위할 줄 아는 나, 감정적인 나가 아니라 정성스러운 나라야 문제를 풀 수 있습니다.

가족을 예로 들어 조금 더 알기 쉽게 이야기하겠습니다.

요즘 사람들에게 '무엇을 가장 바라느냐'고 물으면 단연 '가족의 건강과 행복'이라고 합니다. 그런데 '어떻게 해야 가족이 행복해지는지'를 물으면 확실하게 답을 하는 사람이 드물고, 대충 건강이나 경제적인 풍요를 많이 이야기합니다.

그런데 가족의 행복을 진실로 바란다면 무엇보다 먼저 '나'를 비워야 합니다. 나의 욕심을 비워야 합니다. 나의 배짱대로, 나의 기분대로, 나의 성질대로 살아서는 안 됩니다. 그리고 말과 행동을 하기 전에, '이것이 이기심과 내 욕심을 채우려고 하는 것은 아닌지'를 먼저 생각해보아야 합니다.

나를 앞세우고 욕심을 앞세우고 감정을 앞세워서, 내 생각대로 내 배짱대로 내 기분대로 해버리면, 반드시 후회와 한을 남기게 됩니다.

결코 '나'를 중심에 두고 가족을 마음대로 하려 하지 마십시오. 남편과 아내와 아들딸과 부모님을 배려하고 보살피는 속에서 기쁨을 찾고 즐거움을 찾고 행복을 찾아야 합니다. 이렇게 사는 것이 부처님께서 가르쳐주신 무아無我의 삶입니다.

내 욕심 채우는 쪽으로 삶을 살아가면 아무것도

되는 일이 없습니다. 내 욕심 충족시키는 것을 행복으로 삼으면, 부부의 화합도 부모자식의 화합도 집안의 번창도 기대할 수가 없습니다.

가족만이 아닙니다. 모든 인간관계도 다 같습니다.

우리가 지금 잘 살기 위해서는 과거의 얽히고설킨 인연, 서로가 맺은 응어리를 잘 풀어야 합니다. 나 중심의 생각과 말과 행동으로 맺은 인연과 맺힌 업을 풀어야 합니다. 그럼 어떻게 해야 풀리는가?

풀기 위해서는 나의 욕심대로 하면 안 됩니다. 내 한 몸 편한 쪽으로 해서도 안 됩니다. 인연 깊은 분들, 특히 지금의 가족·스승 제자·직장 상사 또는 부하 직원들을 어떻게 편안하게 해드리고, 받들어드리고, 이바지해 드릴까를 생각하고 실천하는 속에서 기쁨과 보람을 느끼며 살아야 합니다. 이렇게 살면 과거의 얽히고 설킨 것들이 저절로 풀어지면서, 현재의 삶이 편안하고 행복해집니다. 절대로 내 마음과 내 욕심을 기준으로 삼아 살아서는 안 됩니다.

아내가 내 마음에 들지 않을지라도 외면하면 안 됩니다. 남편이 나의 욕심을 충족시켜주지 못할지라도 바가지를 긁어서는 안 됩니다. 자식이 나의 뜻을 따라주지 않을지라도 잔소리를 하고 구박을 하여서는 안 됩니다. 노사관계·이해관계에 있는 분들도 마찬가지입니다. 오히려 힘든 그때 자신을 돌아보고 그들을 위해 축원을 해주고 참회를 할 수 있어야 합니다.

진심으로 참회를 하면 마음속 깊은 곳에 뭉쳐져 있던 응어리들이 저절로 풀어지고, 응어리가 풀어지면 나 자신은 물론이요 우리의 아들딸과 남편·아내·부모도 좋아집니다.

지금 마음속에 부모나 남편·아내·아들딸·며느리·사위에 대해 괘씸한 생각이나 밉고 섭섭한 생각이 있다면 참회를 하며 풀어보십시오. '잘못했습니다' 하면서 진심으로 참회하면 생각 이상으로 쉽게 풀어집니다.

거듭 강조하지만 참회를 올바로 이루려면 하루에 30분 만이라도 염불·예불·주력·독경·사경·명상·참선 중에서 하나를 택하여 스스로를 닦고, 앞뒤로 참회의 염念을 해야 합니다.

그리고 참회 기도를 계속하였는데 아직 내 마음의 응어리가 풀리지 않았다면, 나의 참회가 끝까지 가지 못하였고 내 기도가 끝까지 가지 못하였다는 것을 깨우쳐주는 것이므로, 중지하지 말고 더 계속해야 합니다.

참회에는 나이의 많고 적음도, 신분의 높고 낮음도 따질 일이 아닙니다. 잘못이 있으면 참회하고 마음에 응어리가 있으면 무조건 참회해야 합니다.

"원수끼리 가족이 될 수 있다."

"빚이 많은 사람과 가까운 인연으로 만난다."

이 평범한 인과의 법칙, 윤회의 법칙을 긍정할 때

우리의 참회는 쉽게 이루어지고 평안은 빨리 찾아
듭니다.

참회의 끝은 행복입니다. 참회의 끝은 깊은 사랑
입니다. 부디 불쑥불쑥 터져 나오는 나와 이기적인
나가 완전히 잠재워질 때까지 정성껏 참회하시기를
간곡히 권청합니다.

Ⅱ. 가족을 향해 절을 하자

나를 되돌아보면

지금 이 산승은 청해 봅니다. '나'의 삶을 되돌아 보실 것을….

스스로 '나다, 나다' 하고 있는 이 '나'를 되돌아 보고, 나의 생각과 말과 행동으로 인해 나와 내 주변이 어떻게 변화했는지를 되돌아보십시오.

꿈틀거리며 일어나는 내 중심적인 생각이 우리 집안에 먹구름을 만들지는 않았습니까?

함부로 움직인 나의 혓바닥 때문에 집안의 운이

꺾이고 들어오던 재수가 되돌아섰던 적은 없었습니까?

나의 몸가짐과 행동을 함부로 함으로써 집안의 평화를 부수어버렸던 때는 없었습니까?

곰곰이 되돌아보십시오. 아마 한두 번이 아니었을 것입니다.

우리의 마음은 빛깔도 모양도 냄새도 맛도 없습니다. 그런데도 이 마음의 움직임은 참으로 무섭습니다. 모양도 빛깔도 소리도 없는 이 마음이 한번 꿈틀거려, 그릇된 생각을 일으키고 그릇된 말과 그릇된 행동을 함으로써 부부간의 싸움, 형제간의 싸움, 부자간의 싸움, 동료간의 싸움을 하고 있다는 것을 일상생활 속에서 늘 경험하고 있지 않습니까?

그런데도 우리는 자기중심적인 생각에 사로잡혀 무명과 불행의 삶 속으로 나아가고 또 나아갑니다.

❀

내가 울산의 학성선원에 머물러 있었을 때, 그 절에 참으로 억센 할머니 한 분이 다녔습니다.

그 할머니는 내가 두 시간을 서서 목탁을 치고 있으면 두 시간 동안을 합장한 자세 그대로 정근을 하고, 내가 네 시간을 서서 목탁을 치고 있으면 미동도 하지 않고 정근했습니다. 내가 일곱 시간 동안 목탁을 치면서 정근을 하였더니, 일곱 시간 동안 자세 하나 흐트리지 않고 따라 했던 지독한 할머니입니다.

여름이면 모시옷을 깨끗이 다려 입고 기도정근을 하였는데, 한번은 모기가 붙어서 피를 빨았습니다. 손을 대지 않고 그대로 두자, 모기는 할머니의 피를 빨다가 배가 터졌고, 그 피가 모시옷에 줄줄 흘렀는데도 꼼짝하지 않고 정진을 한 그런 분이었습니다.

이런 불자를 우리는 '대단하다'고 평가합니다.

하지만 그 남편분의 생각은 달랐습니다. 남편은 성당에 열심히 다닐 뿐, 할머니와 함께 절에 오는 법이 없었습니다.

"당신 집안에서는 대대로 불교를 믿어 왔고, 부인도 그토록 열심히 절에 다니는데 왜 성당을 다니시오?"

주위 사람들이 물으면 남편은 잘라 말했습니다.

"나는 집사람과 떨어져 있고 싶다. 잠시 잠깐이라도 벗어나서 살고 싶다. 내가 성당에 가는 그 시간만큼은 아내와 떨어져 살 수가 있지 않겠느냐. 그래서 성당에 다닌다."

이런 말을 스스럼없이 할 만큼 그녀는 남편을 손아귀에 볼끈 쥐고 살았습니다.

팔십 노령이 되어 남편이 죽자, 아들이 없었던 할머니는 딸에게 의지하기 위해 서울로 올라갈 수밖에 없었습니다. 하지만 이전의 버릇만은 여전했습니다.

울산 쪽에 있을 때 할머니는 가는 절마다 판을 쳤습니다. 대본사인 통도사나 범어사에서도 판을 쳤던 분이었습니다. 그러다가 서울에 갔으니, 어찌 조계사에 가서 판을 치고 싶지 않았겠습니까? 그래서 딸에게 청했습니다.

"조계사에 가야겠으니, 불전이며 여비를 다오."

딸은 단호히 거절했습니다.

"저는 못 드립니다. 그리고 저와 함께 지내시려면 앞으로는 절에 다니지 마십시오. 엄마는 절에 다닐 자격이 없습니다."

"내가 왜?"

"40년 동안을 절에 다니면서 기도 열심히 하고 정근 독하게 하여 무슨 변화가 있었습니까? 생각이 고쳐졌습니까? 말씨가 고쳐졌습니까? 행동이 고쳐졌습니까? 바뀐 것이라고는 전혀 없는데, 무엇하러 부처님집에 갑니까? 엄마 같은 분이 절에 다닌다는 것은 불자 모두를 욕되게 하는 짓입니다. 부처님집에 가시면 부처님의 가르침을 익히면서 조금씩 향상이 되어야 하는데, 엄마는 어떤 점이 좋아졌습니까?"

"……."

"앞으로는 엄마가 여행이나 노인 모임이나 다른 곳에 간다고 하면 여비든 잡비든 넉넉히 드리겠지만, 절에 가신다고 하면 어떠한 돈도 못 드립니다."

॰

이 이야기와 함께 스스로를 한번 되돌아봅시다. 불교를 믿으면서 '나'의 생각은 어떻게 달라졌습니까? 가족을 더 많이 사랑하게 되었습니까? 주위 분들을 더 많이 사랑하게 되었습니까? 그리고 그분들을 향한 말과 행동에 변화가 생겼습니까?

불교를 믿고 절에 다니면서 내 아들딸·남편아내·부모형제를 더 많이 사랑하는 이가 되었다면, 그 가족분들 앞에서 헛된 말·독한 말·모진 말을 함부로 내뱉지 않을 것이고, '밉다·괘씸하다·분하다'는 등의 마음을 내지 않을 것이며, 거칠거나 그릇된 행동을 함부로 하지 않고 있을 것입니다.

　만일 내가 소중한 가족 앞에서, 나아가 직장동료·친구·이웃 등에게 상처를 주는 말을 하거나 이기심 가득한 행동을 하고 있다면, 아직은 '참된 불자의 길에 들어선 사람'이라고 할 수가 없습니다.

가족을 향한 절의 위력

'나'의 생각과 말과 행동. 이것은 나의 참된 스승이요 인생의 길잡이입니다. 생각과 말과 행동을 바르게 하면 능히 깨달음과 행복의 세계로 들어갈 수 있습니다. 정녕 우리가 참된 불자라면 생각하고 말하고 행동을 하면서 참된 정을 느끼며 살아야 합니다.

불자의 참된 정은 부처님의 자비와 통합니다. 불자의 정은 집착의 정이 아니라, 인간의 깊은 마음에서 우러나오는 인정이요 자비입니다. 나는 곳곳에서 사람들에게 이야기합니다.

"한평생을 살면서도 인정을 모른다."

참으로 우리는 인정을 모르고 삽니다. 나이 칠십 팔십이 되도록 자식을 낳고 손자를 돌보며 살면서도 참된 인정을 모르고 살아갑니다. 좋다고 '하하 헤헤' 하는 웃음, 섭섭하다고 흘리는 눈물은 인간의 욕심이요 감정일 뿐, 참된 정은 아닙니다.

❀

지금 내가 있는 경주 함월사에 다니는 보살이 30대 후반에 경험했던 일입니다. 이 보살은 외모도 반듯하고 정진도 잘하는데, 이상하게도 특이한 남편을 만났습니다.

남편은 아침에 출근을 하고 나면 밤 12시에 귀가를 하든 새벽 3시에 귀가를 하든, 가족들에게 오늘 늦게 간다는 연락이나 무엇을 한다는 말을 전혀 하지 않았습니다.

아이들과 한 약속도 도무지 지키지 않았으며, 집안이 어떻게 되든 자식이 어떻게 되든 전혀 상관을 하지 않았습니다. 가장이 가정적이지 못한 집안이 어찌 평온하였겠습니까?

아내는 참고 또 참았지만, 초등학교에 다니는 아이들은 아버지에 대한 불만을 노골적으로 터뜨렸습니다.

"엄마, 우리 집에는 아버지가 없어. 우리는 아버지가 없는 사람이야."

그러더니 아버지라는 존재에 대해 차츰 거부를 하고 부정을 해버리기까지 하는 것이었습니다. 아이들까지 아버지를 거부하자 그녀는 남편에게 사정을 했습니다.

"여보, 당신이 나에게 무심한 것은 괜찮습니다. 그런데 아이들에게까지 무심하다 보니, 이제는 아이들이 당신을 싫어하고 부정하려 합니다. 가장인 당신이 물에 기름 뜨듯이 되어 버린다면 이 가정이 어떻게 변하겠습니까? 제발 아이들에게는 관심을 가져주세요."

여러 차례 간곡히 이야기를 하였지만 남편의 행동은 변화를 보이지 않았고, 그녀로서는 달리 어떻

게 해 볼 수가 없었습니다. 어느 날 그녀가 자초지
종을 털어놓았을 때, 나는 물었습니다.

"보살님은 새벽기도를 한다면서요?"

"예."

"그럼 이제부터 새벽기도 끝에 남편과 큰딸과 아
들을 향해 절을 하십시오. 많이 하지 않아도 됩니
다. 한 사람에게 3배씩 올리며 축원을 하십시오."

그리고는 간단한 요령을 알려주었습니다.

그녀는 기도 끝에 가족을 향한 절을 하기 시작했
습니다. 남편이 자고 있는 방을 향하여 3배, 아들
방 쪽을 향하여 3배, 딸 방을 향하여 3배. 이렇게
그녀는 3년을 절하였습니다.

절을 시작하고 세 달이 지나자 남편이 차츰 바뀌
기 시작하더니, 만 3년이 되자 완연히 딴사람으로
탈바꿈하였습니다.

퇴근 시간이 되면 시계보다 더 정확히 집으로 돌
아왔고, 회사에서 특근이 있으면 꼭 전화를 하였습

니다. 저녁때 회식이나 술 접대를 할 일이 있으면 일단 집으로 들어와 자가용을 놓아두고 택시를 이용했으며, 식구들에게 사정을 말하는 것이었습니다.

"오늘은 회식이 있어 조금 늦을 것 같다. 저녁은 너희들끼리 먹어라."

또한 아이들과 자주 어울리고 약속을 잘 지키는 아버지로 바뀌었고, 자연히 아이들도 아버지를 잘 따르는 착한 자녀가 되었습니다.

10여 년이 지난 지금 딸은 프랑스로 유학 가서 공부를 잘하고 있으며, 아들은 군 복무를 마치고 미국 유학 떠날 준비를 하고 있습니다.

이 보살님은 가끔씩 이야기를 합니다.

"저는 인간의 정을 '좋다·싫다, 곱다·밉다, 흐뭇하다·섭섭하다, 잘해준다·야속하다'는 등의 상대적인 것으로 생각했습니다. 그리하여 야속하고 제멋대로인 남편에 대해 원망도 많이 했습니다.

그런데 3년 동안 남편과 아들딸을 향해 절을 하고 나서는 인간의 정이 '좋다·싫다'는 등의 상대적인 것이 아니라는 것을 느꼈습니다. 참된 정은 언제나 흐뭇하고 즐겁고 좋을 뿐, 싫다·얄밉다·섭섭하다가 없습니다. 만일 싫다·얄밉다·섭섭하다가 붙으면 그것은 '나' 자신의 개인 감정이요, 인간의 참된 정이 아니라는 것을 비로소 알았습니다."

이렇게 남편과 자식을 향한 절을 통하여 참된 인정이 무엇인가를 깨달은 그녀는 함월사에 다니는 다른 불자들에게도 가족에게 절을 할 것을 가르치고 있으며, 그녀의 말을 듣고 가족에게 절을 하는 불자가 나날이 늘어가고 있습니다.

❧

3배에 불과한 절! 참으로 묘한 것은 가족을 향해 절을 하는 그 사람들의 삶이 하나같이 향상되고 있다는 것입니다.

많은 불자들이, '스님, 작년보다 금년이 더 살기

가 어려워요. 왜 이렇게 힘이 드는지 모르겠어요'
하며 하소연을 늘어놓았던 세계금융위기 때에도,
가족에게 절을 하는 불자의 집안은 조금도 어려움
을 겪지 않았습니다. 시대의 흐름 따라 환경 따라
들쭉날쭉하는 일없이, 늘 꾸준하게 향상되고 좋아
질 뿐이었습니다.

실로 가족에게 절을 하는 공덕은 매우 큽니다. 3
배에 불과한 그 절이 큰 공덕을 이루는 까닭은 나
를 낮추고 나를 비울 수 있게 하기 때문입니다.

상대적이고 서로를 탓하는 자세가 아니라, '나'를
낮추고 상대를 받들어, 이기적 감정이 아닌 진정한
정을 형성하기 때문에 좋은 결과를 가져오지 않을
수 없는 것입니다.

그런데도 이러한 절의 본질적인 뜻을 모르고, '가
족에게 절을 하라'고 하면 어떤 불자들은 항의 조
로 말합니다.

"스님, 남편에게 한평생 눌려 산 것만 하여도 원

통한데 절을 하라고요? 절까지 하면서 죽어 살라는 말씀입니까? "

항의를 받을 때마다 '왜 절에 다니느냐'고 되물으면, 대부분이 같은 답을 합니다.

"집안이 화목하고 식구들이 건강하며, 보다 잘 살고 싶어 절에 다닙니다."

그때 나는 이야기합니다.

"집안 화합을 원하고 더 잘 살기를 원한다면 '나' 자신이 먼저 실천을 해야 합니다. 남편에게, 가족에게 절을 하는 것은 앞으로 온 가족이 같이 웃고 감사하고 화목과 행복을 나누기 위해 하는 것이요, '나'만 끝까지 손해 보라는 이야기가 아니지 않습니까? 오히려 지금이 서로의 응어리를 녹여야 할 가장 좋은 때이니, '밉다·싫다·못한다' 하지 말고, 매일 3배의 절이라도 꾸준히 해 보십시오."

절은 '나'가 떨어져 나가게 하는 묘약

우리는 바뀌어야 합니다. 내 생각이, 내 말이, 내 행동이 바뀌어야 내 가정에 변화가 오고 우리 집안에 변화가 옵니다. 바뀌어야만 행복하게 살 수가 있습니다.

그 변화는 가족에 대한 태도를 바꾸는 것으로, 나는 불자들에게 늘 부탁을 드려 왔습니다.

"부처님 가르침의 핵심은 '나'가 떨어져 나가는 데 있다. 나를 항복 받는 것이 그 첫걸음이다. 나를 항복 받기 위해서는 가장 은혜롭고 고마운 나의 가족에게 3배씩을 할 수 있어야 한다. '나'가 붙어 있으면 내 아내·남편·아들딸에게 무릎이 굽혀지지 않지만, '나'가 떨어지면 내 가족 앞에 스스럼없이 무룹이 굽혀진다. 무릎이 잘 굽혀지는 만큼 '나'가 더 떨어졌다는 증거이다."

　불교의 목표는 해탈이요, 해탈은 무아無我의 체득에서 비롯됩니다. 이 무아의 경지를 이루게 되면 수행이 완성됩니다. 바꾸어 말해, 불교를 믿고 수행하는 까닭은 '나'라는 아상我相을 떼 내어 사바의 괴로움으로부터 완전히 해탈하는 데 있습니다.

　그럼 해탈의 최대 첩경인 나를 비우는 가장 좋은 방법은 무엇인가? 바로 내가 가장 애착을 가지고 있으면서도, 가장 만만하게 생각하는 나의 가족에게 절을 하는 것입니다.

　인간은 모든 것을 자기본위로 생각합니다. 나를 중심에 두고 살아갑니다. 나를 중심에 두고 내 부모·내 아내·내 남편·내 아들과 내 딸이라고 하는 것입니다. 그래서 남 앞이나 부처님, 자연물 앞에서는 무릎을 꿇고 머리를 쉽게도 조아리지만, 나와 밀접하게 관련이 있는 가족에게는 무릎이 잘 굽혀지지 않습니다.

그런데 가족을 향한 오체투지五體投地가 쉽게 된다면 무엇을 뜻하는 것이겠습니까? '나'라는 생각이 그만큼 떨어졌다는 것입니다. 동시에 '내가 그만큼 향상되었다'는 것이며, 지난날의 잘못 얽혀진 인연도 바르게 회복되고 있다는 징조입니다.

실로 나를 풀고 남을 풀고 지나간 시간에 맺었던 원결을 풀고 현재의 좋은 삶을 이루어내는 데는 가족을 향해 아침저녁으로 3배를 하는 것보다 더 좋은 방법은 없습니다.

왜? 이것이 나를 비우는 가장 지극한 예불이요, 가장 빠른 수행방법이요, 묘약이기 때문입니다.

주위 사람, 가족들은 모두 살아 있는 부처님입니다. 그들이 참부처임을 안다면, 법당에서 수천 배씩 절했다고 자랑하기보다는, 가장 은혜 깊고 고마운 내 가족에게 무릎을 꿇어 절을 할 수 있어야 합니

Ⅱ. 가족을 향해 절을 하자

다. 가족끼리 서로 절하는 이것이 서로의 존경을 주고받는 상호존경이며, 이것이 수행의 시작입니다.

내 가족 앞에 스스럼없이 무릎을 꿇을 수 있으면 바로 '나'가 떨어져 나간 것이고, '나'가 떨어져 나간 그것이 나를 항복 받은 상태입니다.

'나'가 떨어져 나가면 나의 욕심과 고집이 사라지면서 지혜가 샘솟고, 인연이 깊은 남편·아내·아들·딸을 향해 절을 하게 되면, 지나간 시간의 원결들이 풀어지면서 가족이 저절로 화목해집니다. 이렇게 되면 안팎으로 무슨 걱정이 있겠습니까?

부디 가족을 향한 절을 통하여 나를 향상시키고 가족을 행복하게 만들어 보십시오. 이것이 부처님께서 이 사바의 불자들에게 가르치는 첫 번째 행복 실천법이니….

Ⅲ. 3배 기도법

기도 성취의 원리

먼저 한 편의 이야기부터 하겠습니다.

❀

내가 있는 함월사에 다니는 부산 괴정동 보살은 3배의 참회를 통해 아주 특이한 경험을 하였습니다.

일흔 살이 조금 넘어 치매에 걸린 보살의 시어머니는 대소변을 가리지 못하고 횡설수설하면서 온 집안을 엉망으로 뒤집어 놓았습니다. 이를 도저히 감당을 할 수가 없었던 보살은 남편과의 의논 끝에, 시어머니를 병원에 입원시키고 간병인을 붙여 시중을 들게 하기로 결정했습니다.

그런데 함월사에 오는 다른 불자들이 그 사실을 알고 충고를 했습니다.

"그 사람이 누구냐? 바로 네 어머니 아니냐? 네 어머니를 네가 시중들지 않고 누구에게 맡기겠다는 것이냐? 힘이 들어도 네가 모셔야 한다.

먼저 절부터 해라. 스님께서 가족들에게 절을 하라고 시키지 않았더냐? 그러니 시어머니 방 쪽을 쳐다보면서 아침에도 3배하고 낮에도 3배하고 저녁에도 3배를 드려라.

'당신께 잘못한 것, 모두 참회 드립니다. 용서하십시오' 하면서 절을 해라. 아이들에게도 시키고, 남편에게도 어머니께 3배를 드리면서 참회하도록 당부해라."

이 말을 듣고 병원에 입원시키는 것을 포기한 며느리는 집에서 하루 세 차례 시어머니를 향해 3배를 드리고, 대소변 수발까지 하면서 모셨습니다.

그러기를 만 석 달이 지난 어느 날 한낮쯤 되었을 때, 시어머니의 방을 청소하고 뒤치다꺼리를 하기 위해 방문을 열고 막 들어가려는 순간, 이미 돌아가신 시할머니가 그 방에서 나오시는 것이었습니다.

그것도 꿈이 아닌 생시에 방문 앞에서 서로 딱 마주치게 되었으므로, 보살은 자기도 모르게 할머니를 불렀습니다.

"아, 할매!"

"오냐, 나 이제 간다."

시할머니는 그 말만 남기고 밖으로 나가시는 것이었습니다. 그런데 그 시간 이후, 치매에 걸려 횡설수설하고 대소변을 가리지 못하던 시어머니의 치매 증상이 완전히 사라져 정상으로 되돌아왔습니다.

기껏해야 하루에 세 차례 3배씩의 절. 이것을 1백여 일 계속하였는데 뜻밖의 이러한 영험이 나타난 것입니다.

그런데 이 영험담 속에는 눈에 보이지 않는 가르침 몇 가지가 숨겨져 있습니다. 단순한 3배가 치매라는 중병을 낫게 한 것이 아니라는 것입니다. 그럼 어떠한 원리가 숨겨져 있는가?

첫째는 절을 한 며느리가 시어머니의 치매에 대한 자세를 바꾸었다는 것입니다. 시어머니의 치매를 돌보는 것이 힘들어 병원에 입원시키고자 했던 며느리가 인과의 도리를 깨닫고, '기꺼이 모시겠다'는 자세로 마음을 돌린 것입니다. 이것이 중요합니다.

우리는 어려움에 부딪히면 그 어려움을 면할 방법부터 생각합니다. 나의 편안함, 나의 소중함에 빠져드는 것입니다. 그러나 이러한 마음가짐을 갖고 있는 이상에는 결코 편해질 수가 없습니다. 피한다고 편해지지가 않습니다. 오히려 나의 편안함을 추구하면 추구할수록 나는 더욱 힘들고 고달파지게 됩니다.

그러므로 문제를 풀고 업을 녹이고자 하면, 나를 죽이고 기꺼이 받아들이고자 해야 합니다. 업을 피하고자 하는 나의 이기심을 항복받아야 합니다. 이것을 며느리가 실천한 것입니다.

둘째는 시어머니를 밤낮으로 수발하면서, 원망이나 신세 한탄보다는 참회와 축원을 드렸습니다. 하루 세 차례씩 3배를 올리며 성심껏 참회하고 축원한 것입니다. 그러는 동안 그녀의 아상我相은 떨어져 나가기 시작하였고, 그 잘났던 '나'가 무너지면서 업이 녹아내린 것입니다.

그 결과 기적이 일어났습니다. 시할머니가 천도되

고 시어머니의 치매가 완치되어, 평온하고 웃음이 넘치는 가정을 회복하게 된 것입니다.

이것이 무엇입니까? 기적입니다. 큰 영험입니다. 이러한 기적과 영험은 우리가 '나'를 잊고 정진할 때 찾아듭니다. '나'가 무너뜨려질 때 저절로 생겨납니다. 나를 비우고, 아상을 버리고 꾸준히 정성을 다하면 크나큰 힘이 생겨나기 마련입니다. 이것을 명심해야 합니다.

가족에게 3배를 올릴 때도 그렇고, 참선·염불 등의 수행을 할 때도 마찬가지입니다. 나를 비우고 무아無我를 성취해 나가야 합니다. 꾸준히 절·염불·독경·사경·참선 등을 하면서 나를 비워가고 공부의 힘을 키워가면 기적과 대영험은 저절로 찾아듭니다.

하루 두세 차례, 가족을 향해 3배를 하는 것이나, 하루 30분 정도의 염불이나 독경·사경이 별 것 아닌 것 같아도, 꾸준히 할 때 그 결과는 엄청납니다.

나는 오래전부터 여러 불자들에게 '다만 꾸준히 할 것'을 권해 보지만, 한결같이 하는 이는 참으로 드뭅니다. 아무리 부탁을 해도 하지 않고, 답답한 일이 생기면 조금 시작하다가 그쳐버리는 사람이 대부분입니다.

부디 3배만이라도 꾸준히 해 보십시오. 얄팍한 꾀를 부리지 말고, 지극한 정성으로 계속하면 큰 힘이 생겨남은 물론이요 이루지 못할 일이 없게 됩니다.

직접 그 앞에 가서 절을 하라는 것이 아닙니다. 보이지 않는 곳에서 상대를 생각하며 절을 올리면서 참회하면 됩니다.

3배를 하는 방법

그럼 가족을 향한 절은 어떻게 해야 하는가?

①먼저 절의 횟수입니다. 절은 가족 한 사람에 대해 3배씩만 하면 됩니다. 하루 세 차례 하면 가장 좋고, 아침·저녁 두 차례 하는 것을 기본으로 삼아야 하며, 두 번도 힘들면 한 번만이라도 꼭 하십시오.

②장소는 집이든 사찰이든 상관이 없습니다. 평소에 집에서 기도를 하면 집, 사찰에 가서 기도를 하면 사찰에서 하면 됩니다. 곧 평소의 기도를 끝낸 다음 바로 하라는 것입니다.

③절 또한 상대방 앞에 가서 하는 것이 아니라, 기도한 그 자리에서 가족이 있는 방향으로 몸을 돌려 가족 한 사람에 대해 3배씩 절을 하십시오. 만일 법당 등 대중이 있는 곳에서 절을 할 경우에는, 방향을 돌리지 않고 그냥 상대를 떠올리며 절을 하면 됩니다.

상대방 바로 앞에 가서 절을 하게 되면, 상대의 자존심을 상하게 하거나 당황하게 만들고 스스로의 마음도 잘 모으지 못하게 되는 경우가 많으므로, 보이지 않는 곳에서 절을 하여 '나' 속의 응어리부터 풀어야 합니다.

④만일 지금 특별히 하는 기도가 없다면 오분향예불을 올린 다음 절을 하여도 좋고, 신묘장구대다라니나 반야심경이나 보왕삼매론을 1편의 독송, 또는 광명진언 21번, '나무아미타불'이나 '관세음보살' 등을 염한 다음, 가족을 향해 3배를 해도 좋습

니다. 간단한 기도를 한 다음에 절을 하면 더욱 좋다는 것입니다. 하지만 이것도 어려우면 그냥 3배만 하십시오.

⑤ 가장 중요한 것은 마음속으로 염하는 축원의 내용입니다.

만일 가족 사이에 문제가 없는 경우라면,

'감사합니다. 언제나 건강하시고 당신의 바라는 바가 꼭 이루어지이다.'

서로 갈등이 있는 가족을 향해서는,

'잘못했습니다. 세세생생 당신께 잘못한 것, 모두 참회합니다. 나의 참회를 받아주시고 마음을 푸십시오.'

이렇게 세 번씩 염하면 됩니다.

⑥ 또, 문득 하고 싶은 말이나 축원이 있으면 주저 없이 행하십시오.

"정말 잘못했습니다. 복이 없는 나 때문에 당신을 고생시키고 괴로움을 끼쳐 드렸습니다. 용서하십시오. 언제까지나 건강하시고, 당신이 하시는 일들이 모두 순탄하기를 기원하겠습니다."

이렇게 축원까지 하다 보면 각종 재앙이 저절로 사라져 가정이 정말 화목해집니다. 그리고 바라지도 않았던 '운·재수' 등이 자연스럽게 모여듭니다.

⑦ 기간은 3년을 작정하고 하십시오. 3년만 꾸준히 하면, 모든 응어리가 풀리고 서로의 막혔던 마음이 풀리면서 잘 통하게 됩니다.

방에 혼자 있을 때, 또 보이지 않는 곳에서 가족 한 사람 한 사람에게 3배씩 하는 것! 이것이 어려워 하지 못할 사람은 아무도 없을 것입니다. 부디 가족을 향해 절을 하면서 참회하고 축원하십시오.

주저 말고 실천해 보십시오. 비록 3배의 절과 한

마디의 축원이지만, 꾸준히 하다 보면 모든 매듭이 풀리고 응어리가 녹아내립니다.

참회를 통하여 맺힌 것을 풀고 나면, 가족을 위해 일부러 기도를 하지 않아도 집안이 편안해지고 잘 살 수 있게 됩니다. 또한 참회를 통하여 나의 욕심과 집착이 떨어진 다음에 소원 성취를 위한 기도를 하면, 그 기도의 효력은 바로 나타나게 됩니다.

부디 참회를 통하여 내 마음의 응어리부터 풀어 버리십시오. 내 마음에 맺힌 것부터 풀어 버리십시오. 내 마음의 응어리가, 내 마음의 맺힘이 풀리면 내 마음의 파도가 가라앉고, 파도가 가라앉으면 배는 순조로이 나아갑니다.

원인을 알 수 없다고 그냥 무시할 일이 아닙니다. 눈에 보이지 않는다고 자포자기할 일도 아닙니다. 전생에 맺은 매듭과 빚이 크면 클수록 불행이 큰 법이요, 불행이 크면 클수록 정성을 다하여 참회하고 축원해야 합니다.

그리고 쉽게 녹지 않을 업이 있음을 감지하였을 때는 앞에 ④에서 밝힌 기도가 아니라, 한 가지 참회기도를 정성껏 하십시오.

그 한 가지란

· 천수경이나 금강경·보현행원품·약사경·관음경·반야심경·법화경 등의 경전 중 하나를 택하여 독송 및 사경

· 관세음보살·지장보살·나무아미타불 등의 불보살 명호를 1천 번 이상 염불

· 신묘장구대다라니를 21편 이상 독송

· 광명진언을 108번 이상 쓰거나 불보살님 명호 쓰기

· 108배 이상의 절

이 가운데 한 가지를 정하여 꾸준히 참회하십시오.

그냥 3배의 참회만 하는 것보다, 하루 일정량의 염불·주력·독경·사경·절 등을 한 다음에 참회를

하면, 업장소멸이 빨라지고 복과 공덕을 많이 쌓을
수 있게 됩니다.

참회를 하면서 잘못을 시인하고, 상대의 원성취
와 좋은 인연을 축원해주는데 어찌 지나간 시간에
지은 죄업들이 빨리 녹지 않을 것이며, 응어리가 쉽
게 풀리지 않겠습니까?

가족 기도할 때 꼭 기억할 점

이제까지 우리는 가족의 행복을 위한 기도를 잘하려면 '성심껏'과 함께 '조금씩 나를 비우면서 3배의 기도를 해야 한다'는 것을 이야기하였습니다.

실로 평범한 중생은 '나'에 얽매여 살아갑니다. 너무나 나를 사랑하기 때문에 '아상我相'이라는 멍에를 스스로 짊어지고 살아갑니다. 나의 멍에가 너무나 무겁고 힘든 것인데도 '나'를 벗어나려 하지 않습니다. 오히려 큰 멍에를 짊어진 나를 내세우며 살아갑니다.

물론 이 경쟁사회에서 남보다 잘난 맛이 없다면 오히려 살맛이 나지 않을지도 모릅니다. 하지만 나에 대한 집착[我執]과 나의 교만[我慢]은 나의 보리심과 나의 바라밀을 방해할 뿐 아니라, 나와 내 주위의 행복을 가로막아 버립니다. 그러므로 부처님께서는 '나를 비워라'고 하셨고, 이 산승 또한 나를 비우는 기도를 할 것을 강조하고 있는 것입니다.

과연 나에 대한 집착은 얼마나 강한 것일까? 기도하는 어머니들을 예로 들겠습니다.

❀

어머니들은 절에 와서 기도를 할 때 자신을 위한 기도를 잘 하지 않습니다. 자신보다는 '집안 편안하고 남편 건강하고 아들딸 잘되게 해달라'고 기도합니다. 그리고 '그들의 소원이 이루어지게 해달라'고 기도합니다. 나보다는 가족을 앞세우는, '어머니들의 거룩한 기도'라 하지 않을 수 없습니다.

문제는 집으로 돌아온 뒤에 발생합니다. 절에서의 거룩한 기도와는 달리 남편이 마음에 들지 않게 행동하면 곧바로 바가지를 긁습니다.

"당신 때문에 못 살겠어. 도대체 왜 그래요?"

또 아들이나 딸이 눈에 차지 않게 행동하면 곧바로 잔소리를 날립니다.

"하라는 공부는 하지 않고 왜 엉뚱한 짓만 하는 거야? 그러다가 대학에나 갈 것 같애?"

§

'내가 가장 사랑하는 가족'이라고 하면서, 이렇게 짜증을 내고 잔소리를 하여서야 어찌 참다운 기도를 하였다고 할 수 있겠습니까? 어찌 보면 내가 행한 기도는 남편과 자식을 위한 기도라기보다는 '나' 자신을 위한 기도였는지도 모릅니다.

그렇습니다. 절에서의 기도와 집에서의 행동이 다른 것은 바로 '나' 때문입니다. 사랑하는 남편·아내·자식보다 나를 더 사랑하기 때문입니다. 이 '나'가 문제입니다. 이 '나'가 들어가서 모든 것을 망쳐놓습니다. 배우자를 망치고 자식을 망칩니다.

그럼 어떻게 해야 하는가? 절에서 하였듯이, 집에서 나에게 맞지 않고 눈에 그슬리는 일이 일어났을 때도 짜증을 부리거나 화를 내지 않고 한결같이 가족을 위해 기도할 수 있어야 합니다.

또 집에서 3배의 절을 한 것이 그때만으로 그치면 안 됩니다. 그 마음을 늘 유지하고자 노력해야 합니다. 그래야만 다생다겁 동안 나로 말미암아 생겨난 업장이 녹아내리면서 행복이 쌓이게 됩니다.

우리가 '나! 나!'라고 주장하는 지금의 '나'는 진정한 나가 아닙니다. 인연 따라 움직이고 다생다겁 동안 익혀온 버릇 따라 움직이는 믿을 수 없는 나입니다.

따라서 이러한 '나'를 믿고 사랑하고 '나'에게 끄달려 사는 동안에는 복된 삶을 이루기가 힘이 듭니다. 행복이 아니라, 자기애自己愛에만 더욱 깊이 빠져들 뿐입니다.

그래서 부처님께서는 "나에 대한 집착과 나의 욕심을 비우라."고 하셨습니다. 다생다겁의 버릇과 인연따라 움직이는 나를 비워버려야 참된 나가 발현 된다고 하셨습니다.

그러므로 가족을 위해 기도를 할 때도 '나'에 맞춘 기원을 하여서는 안 됩니다. 가족을 위한답시고 다생의 버릇따라 움직이는 거짓 '나'의 마음에 맞는 기도를 하여서는 안 됩니다. 나에게 맞춘 기원이나 나의 욕심으로 기도를 하면, 가족이 내 기원과 맞지 않는 방향으로 나아갈 때마다 실망하고 화를 내고 멀어지게 됩니다.

부디 가족 등 남을 위해 기도할 때는 나를 벗어버리고 기도하십시오. 내 욕심이 아니라 상대가 진실로 원하는 바를 향해, 그리고 바르고 맑고 밝은 가족의 삶을 위해 한결같이 기도하십시오. 그렇게 하면 시간이 지남에 따라 모든 업장이 녹아내리면서, 나와 가정과 주위에 평화와 기쁨이 한껏 깃들게 됩니다.

부디 아집과 욕심을 비우고 부처님 앞에 서십시오. 내 가슴에 얽힌 '나와 남의 벽'을 무너뜨리고,

주위의 분들을 돌아보며 그분들을 위한 기도를 하십시오.

그분들이 나에게 얼마나 고마운 존재인지를 분명히 보고 생각하여, 그분들을 향해 '잘못했습니다', '감사합니다', '소원성취하여지이다' 하면서, 참회하고 감사하고 보답하는 자세로 살아가십시오. 그리고 진심으로 기도하십시오.

이렇게 살면 우리의 마음은 편안해집니다. 나의 마음이 편안해지면 집안도 편안해지고, 행복과 영광이 쏟아져 들어오게 되어 있습니다.

이것이 바로 부처님께서 가르치신 마음 쓰는 법[用心法]이요 기도법입니다. 욕심과 아집을 버리고 보리심을 발하며 기도하면, 지나간 시간의 빚덩어리가 풀어지고 고약한 인연줄이 끊어지면서, 앞날이 참으로 평화롭게 행복하게 펼쳐집니다.

내 기도도 열심히

이제 오해하기 쉬운 한 가지 사항에 대해 이야기 하겠습니다.

'나를 비우고 기도하라'고 하면 '내 기도를 하지 말라'고 생각하는 이들이 종종 있는데, 절대로 내 기도를 하지 말라는 것이 아닙니다. 가족 등을 위한 기도만이 아니라 나를 위한 기도 또한 얼마든지 해도 됩니다. 어떻게 보면 나의 보리심과 바라밀을 위한 내 기도가 더 소중하다고 할 수 있습니다.

오직 '나를 비우라'는 것은 '내가 누구를 위해 어떠한 기도를 하였다', '내가 어떻게 기도를 하였는데'라고 하는 아집과 욕심을 비우라는 것입니다. 가족이 내 마음에 들지 않고 내 뜻대로 움직이지 않을 때 일으키는 나의 아집을 비우라는 것입니다.

Ⅲ. 3배 기도법

나의 행복과 나의 원과 나의 향상을 위한 내 기도는 당연히 열심히 해야 합니다. 나의 향상과 나의 성취를 위한 기도는 하지 않고 가족 기도만 하면, 반대급부로 '내가 어떻게 기도하고 내가 얼마나 희생했는데'라는 생각이 치솟기가 더 쉽습니다.

그러므로 가족 기도, 남을 위한 기도만 하지 말고, 나를 위해 기도하고 축원하고, 나의 향상을 위한 보리심을 많이 많이 발하여야 합니다. 나의 행복 바라밀을 위한 기도를 기꺼이 행하여야 합니다.

또 한 가지 강조하고 싶은 점은 '가족들의 자기 기도를 자기 스스로가 하게 하라는 것'입니다.

❁

나는 절에 찾아오는 어머니들에게 부탁합니다.

"남편에게도 직접 기도를 하도록 권해라."

"아들에게도 딸에게도 기도를 시켜라."

그런데 우리나라 어머니들은 참으로 욕심이 많습

니다. '남편과 아들딸에게 기도를 시켜라'고 하면 꼭 한마디를 합니다.

"스님, 제가 하면 안 될까요?"

이렇게 가족 대신 밥을 세 그릇 네 그릇 다섯 그릇씩 먹고 사는 분이 우리나라 어머니들입니다.

§

가족을 위해, 가족을 대신하여 기도를 해주는 것도 좋지만, 더 좋은 것은 아들딸과 남편이 직접 기도를 하도록 차츰차츰 이끌어가는 것입니다. 자기 기도 자기가 할 때 100%의 효과를 보고, 100%의 향상과 행복을 누릴 수 있게 되기 때문입니다.

작은 것 하나하나를 직접 실천하면서 가족 및 이웃의 행복과 사회 및 국가의 행복을 가꾸어나가는 것이 건강한 불자의 삶이 아니겠습니까?

가족을 향한 하루 3배씩의 절! 이 속에서 부처님의 진정한 자비를 깨달을 수 있게 됩니다. 이 속에서 '나'의 감정이 아닌, 인간의 참된 정을 체험하게 됩니다.

부디 가족 모두가 기도를 잘하여, 정말 평화롭고
큰 행복을 성취하시기를 두 손 모아 축원드립니다.

나무마하반야바라밀

내 기도도 열심히

제2부

빠른 기도 성취의 길

I. 기도 성취를 잘하려면

의심 없는 믿음

제1부에서는 가족을 위한 기도를 중심으로 설하였는데, 여기부터는 일반적인 기도 성취에 대해 논하고자 합니다.

이 땅의 불자들은 기도를 참 많이 합니다. 그런데 매일매일 일정한 시간을 정하여 행하는 평소 기도보다는 꼭 이루어야 할 소원이 있을 때 행하는 특별기도를 많이 합니다.

기도를 평소에 한결같이 행하면 불보살님의 은근

한 명훈가피冥薰加被가 언제나 함께하지만, 특별한 소원을 이루기 위해 일정 기간 동안만 기도를 하는 불자들 중에는 소원성취를 이루지 못하는 경우가 많습니다.

"기도를 잘하면 못 이루는 소원이 없다"고 하는데 왜 많은 사람들이 소원을 성취하지 못하는 것일까요?

가장 큰 요인은 기도하는 사람의 신심信心이 굳건하지 못한 데서 찾을 수 있습니다.

신심信心! 기도를 하는 '나'의 신심이 굳건하지 못하면 조그마한 어려움만 있어도 마음이 쉽게 흔들립니다. 쉽게 흔들리니 집중이 되지 않고, 집중이 되지 않으니 삼매 속으로 잠깐도 들어갈 수 없기 때문에 성취를 보지 못하는 것입니다.

믿음은 불자들의 삶이나 기도에 가장 근본이 되는 주춧돌입니다. 왜 이것이 근본인가? 믿음이 강하면 의심이 붙을 수가 없기 때문입니다.

I. 기도 성취를 잘하려면

실로 불자의 삶이나 기도에 문제가 되는 것은 의심입니다. 삼보의 가피와 불보살님의 자비에 대해 의심만 없으면 온전한 믿음이 형성되고, 믿음이 온전하면 일념의 기도를 할 수 있으며, 일념一念의 기도를 하면 성취 못 할 것이 없습니다.

될까? 안 될까?

나의 기도 방법이 맞는가? 맞지 않는가?

이러한 의심으로 스스로를 흔들기 때문에 일념과 자꾸만 멀어지게 되고, 일념이 잘 되지 않기 때문에 중도에서 포기를 하고 하차를 하게 됩니다.

그러므로 어떤 기도를 하든지 불보살님을 확실히 믿고 '나'의 열정을 남김없이 쏟으며 기도에 임해야 합니다. 청정하고 거룩한 불보살님들께서는 '당신을 위해 기도하라'고 하지 않습니다. 당신이 아닌, 우리의 어려움을 구제하고 우리의 향상을 위해 기도하라는 것입니다.

우리의 진정한 의지처가 되어 우리를 감싸주시는

불보살님. 그분들께 한 점의 의심 없이 '나'를 내맡기십시오. 그리고 그 속에서 스스로를 비우고 스스로를 깨달아 가십시오. 스스로를 관찰하고 잘못을 참회하면서, 한 발 한 발 향상의 길로 나아가십시오.

일체 공덕을 두루 갖추고 계신 불보살님.

대자비의 눈으로 중생을 보살피는 불보살님.

중생들에게 복덕을 가득 베풀고자 하는 불보살님.

이러한 불보살님께서 우리와 함께하고 있으니, 인생이 아무리 괴롭다 한들 어찌 능히 헤쳐 나가지 못할 것이며, 바라는 바가 어렵다 한들 어찌 이룰 수가 없겠습니까?

모름지기 힘들고 어려운 때일수록 깊은 믿음으로 부처님의 가르침을 마음에 새기고 불보살님을 더 열심히 염하십시오. 불보살님을 향해 머리 숙여 예배하십시오.

분명 용기가 치솟고 새로운 힘이 생겨나면서, 모든 장애가 티끌처럼 흩어지게 됩니다.

잊지 마십시오. 나약한 중생의 불행을 행복으로 바꾸고, 이룬 행복을 계속 유지할 수 있게 하는 것이 기도祈禱입니다. 불행할 때, 어려울 때, 힘들 때 하는 것이 기도입니다. 그러므로 비록 지금은 믿음이 없을지라도, 마음을 자꾸 모으면서 기도를 해야 합니다.

왜 자꾸 마음을 모아 기도하라는 것인가? 무엇보다 기도가 '나'의 중심을 잡아주기 때문입니다. 번뇌 따라 이기심 따라 흘러 다니는 나를 붙잡아서 안정된 자리에 있게 하기 때문입니다.

우리가 어려움에 처하거나 방황을 할 때 기도를 하겠다고 결심을 하면, 결심을 한 자체만으로도 중심이 잡히기 시작합니다. 마치 의존할 데 없이 두려움에 떨면서 방황하던 이가, 자신을 잡아주고 구해줄 존재가 옆에 있다고 확신을 하는 것만으로도 두려움이 줄어들고 안정을 되찾기 시작하는 것과 같습니다.

이렇게 마음의 안정을 되찾게 되면 불행의 길을 벗어나 행복의 길로 들어서기 시작합니다. 하지만 걱정이나 번뇌에 사무쳐서 계속 마음이 흔들리고 불안하게 되면 어떻게 되겠습니까? 행복은 아득한 쪽으로 멀어지고 불행만이 판을 치게 됩니다.

그러므로 기도를 시작하였으면 흔들림 없는 신심을 가지고자 애를 써야 합니다. '불보살님께서 틀림없이 해결해주신다'는 굳건한 믿음으로 임하여야지, '이 기도가 될까? 과연 가피가 있을까?' 하면서 기도를 하게 되면 될 기도도 되지 않습니다.

신심信心은 주춧돌입니다. 주춧돌이 흔들리는데 제대로 된 행복의 집을 어떻게 지을 수 있겠습니까? 반대로 굳건한 믿음으로 정성껏 기도하면 소원을 성취하지 못할 까닭이 없고, 행복의 집을 짓지 못할 까닭이 없습니다.

1980년대까지 대구의 약전골목에는 유명한 대남한의원이 있었습니다. 대남한의원은 대한불교조계종 경상북도 신도회장을 역임한 여동명 거사가 경영했던 한의원으로 전국적으로 이름을 날렸는데, 이 여동명 거사의 성공 뒤에는 어머니의 큰 사랑과 기도가 숨어 있었습니다.

일찍이 남편과 사별한 어머니는 외아들 여동명을 한의사로 만들 작정을 하였습니다. 당시에는 한의대나 한의원이 없고 한약방만 있었던 시절이었으므로, 그녀는 아들을 한약방의 종업원으로 보내 한의학을 익히게 했습니다.

처음 일을 한 한약방에서 배울 것이 없게 되었을 때, 어머니는 다른 한약방으로 아들을 보내 의술을 익히게 하였고, 그곳에서 배울 만큼 배우게 한 다음에 또 다른 한약방으로 보내었습니다.

"이제 독립해서 한약방을 차려도 되겠다."

세 번째 한약방의 의원이 아들의 의술을 인정하자 어머니는 아들에게 개업을 도왔습니다. 그러나 충청도 연기군의 조그마한 마을에서 낸 한약방은 생계유지조차 힘들 정도로 잘 되지가 않았습니다.

그때 어머니는 백일기도를 시작했습니다. 하지만 가까이에 절도 없었고 매일 절에 갈 처지가 아니었으므로, 집에서 부처님께 기도했습니다.

집안에 불상을 모시지 않았던 그 시절, 어머니는 남들이 모두 자는 한밤중에 일어나 목욕을 한 다음, 우물물을 떠서 집 뒤뜰의 판판한 돌 위에 놓고 아들 잘되기를 축원했습니다. 매일 일정한 시간에 목욕재계를 하고 부처님께 정성껏 기도했습니다.

그러던 어느 날, 정화수井華水를 떠서 뒤뜰로 가는데 사발이 손에 딱 붙는 듯하였습니다. 깜짝 놀란 그녀는 순간적으로 물그릇을 놓았는데, 그 사발에서 손가락이 떨어지지가 않았습니다. 더욱 놀라운 것은 사발을 잡은 자리에 손가락 자국이 나서 푹 파여 있는 것이었습니다.

그날 이후 어머니는 손가락이 딱 붙었던 그 자리만 잡고 정화수를 떠서 기도를 올렸으며, 마침내 백일기도가 끝났을 때 계시가 있었습니다.

"아들을 데리고 남쪽으로 가서 '큰 대大'자가 든 고을에 머물러라. 그곳에 가면 너의 아들이 성공하리라."

아들과 함께 고향인 연기군을 떠난 어머니는 대전을 거쳐 대구大邱로 갔고, 대구의 약전골목에서 아들 여동명 거사가 대남한의원을 열어 크게 성공을 거둔 것입니다.

ᢦ

여동명 거사의 어머니는 아들을 성공시켰을 뿐 아니라, 평온하게 말년을 보내다가 아주 거룩한 죽음을 맞이하였고, 살아생전에 예언하였던 세 가지 일이 사후에 그대로 맞아 들어가는 기적까지 보였습니다.

과연 이것이 무엇의 힘인가? 바로 기도의 힘입니다. 어떤 기도의 힘인가? 믿음과 정성스러운 마음으로 기도한 힘입니다.

결코 잊지 마십시오. 누구라도 굳건한 믿음 속에서 정성껏 기도하면 영험은 반드시 나타나게 되어 있습니다. 간절한 마음으로 정성껏 기도하면 소원이 성취되고, 현재의 행복과 미래의 행복이 보장됩니다.

갖가지 업보와 얽힌 인연 때문에 고통받는 이 사바세계에서, 행복하게 살기를 바란다면 굳건한 믿음으로 정성껏 기도해야 하고, 정성껏 기도하면 반드시 평화와 행복과 지혜의 길이 열리는 것입니다.

I. 기도 성취를 잘하려면

그릇된 기도로는 안 된다

그럼 어떻게 할 때 '정성껏 기도한다'고 하는가?

기도 중의 어려움이나 게으른 생각 등과 타협하지 않고 마음을 하나로 모아가면 정성스러운 기도라고 합니다.

가령 어떤 소원이 있어 관세음보살을 부른다고 합시다. 흔들림 없는 믿음으로 관세음보살을 부르기를 꾸준히 계속하다 보면, 차츰 익숙해져 어느덧 '관세음보살' 염불이 내 마음에서 끊어지지 않게 되고, 거기서 조금 더 나아가면 삼매경에 이르게 됩니다.

삼매경에 이르면 『관음경』의 말씀 그대로 불에 들어가도 타지 않고 물에 들어가도 빠지지 않게 된다는데, 어찌 우리의 소원이 이루어지지 않겠습니까? 마음을 모아 정성껏 기도하면 반드시 이루어집니다.

불보살님을 확실히 믿고 꾸준히 기도하면 머지않아 일념을 이루어 소원을 성취하게 됩니다. 굳건한 신심으로 정성을 모으고 또 모으면 번뇌망상은 차츰 빠져나가고 마음이 하나로 뭉쳐지게 됩니다. 이때까지 열심히 기도해야 합니다.

그리고 적당히 하면서 요행을 바라는 기도를 하여서는 안 됩니다. 대충 하면서 요행을 바라는 기도로는 절대로 통하지 않습니다.

❀

조선시대 영조 때의 일입니다. 강원도 강릉에 살았던 성成씨 총각은 과거를 보기 위해 한양으로 가다가 가평 현등사懸燈寺에 이르렀습니다. 성씨 총각은 오랫동안 비어 폐사가 되다시피 한 현등사 법당 앞에서 지고 다니던 솥냄비에 밥을 지었습니다.

그리고 막 숟가락을 드는데 법당 안의 부처님이 보였으므로, 부처님 전에 밥 한 그릇을 올려놓았습니다. 하지만 억불정책 시대의 양반 체면에 절을 할 수는 없고 과거에는 자신이 없고 하여 퉁명스럽게 내뱉었습니다.

"어이, 부처. 내 밥 먹고 과거에 합격시켜줘."

물론 성씨 총각은 과거에 낙방했습니다. 힘없이 고향으로 돌아가다가 다시 현등사에서 하룻밤을 머물게 된 성총각은 부처님을 보며 원망했습니다.

"누렇게 해 가지고 사람들 속이고 있네. 내 밥만 한 그릇 똑 따먹고…."

그날 밤, 금빛 갑옷을 입은 신장이 나타나 성총각을 발로 짓밟으며 꾸짖었습니다.

"이놈아, 누가 네 밥을 먹었다더냐? 과거에 급제할 자신이 없으니까 요행을 바라면서 밥을 올린 주제에, 왜 허물을 부처님께로 돌려? 네 놈이 지나가는 사람에게 밥 한 숟갈이라도 준 일이 있었더냐?

도대체 공덕이라고는 지은 것이 없는 놈이 무슨 원망이냐?"

총각은 가위에 눌려 깨어났고, 생각해 보니 신장의 말이 조금도 틀리지 않았습니다. 고향 집에 도착한 성총각은 아버지께 현등사에서 있었던 일을 아뢰었고, 아버지는 뜻밖의 말씀을 하셨습니다.

"그 절의 부처님과 너와는 인연이 있는가 보구나. 네가 장가갈 때 쓸 돈을 지금 미리 줄 테니, 가지고 가서 그 절을 중수해라. 절을 고친 다음에 아침저녁으로 예불을 올릴 스님을 모셔다 놓고 글을 읽으면 틀림없이 과거에 급제할 것이다."

성총각은 아버지의 말씀대로 절을 고치고 스님을 모셔다가, 아침저녁으로 함께 예불을 올리면서 3년 동안 글을 읽었습니다.

마침내 성총각은 대과大科에 급제하였고, 나라에서는 그 사연을 듣고 '대선급제사大選及第寺'라는 편액을 하사하였습니다.

이 이야기가 일러주듯이 기도는 정성으로 하는 것입니다. 마음에서 우러나오는 기도를 해야지, 적당히 요행을 바라고 기도를 하면 이루어지는 것이 없습니다.

'어이 부처, 내 밥 먹고 과거에 합격시켜줘.'

이런 식의 기도로는 어림도 없습니다. 제 혼자만의 판단으로 '요만큼만 하면 되겠지' 하면서 적당히 기도해도 되지가 않습니다. 반대로 정성으로 기도하면 꼭 소원을 성취하고 행복을 이룰 수 있습니다.

똘똘 뭉친 정성으로 기도를 하면 나무나 돌이나 흙으로 만든 부처님으로부터 영험이 저절로 나옵니다. 아니, 불상이 없어도 가피가 쏟아집니다. 견실한 신심으로 정성 모아 기도하면 부처님과 반드시 통하게 되어 있습니다.

정성을 모아 기도하라

부디 요행이나 나의 편안함에 맞춘 적당한 기도를 하지 말고, 믿음의 주춧돌을 견고히 놓아 정성껏 기도하십시오. 기도하는 시간의 길고 짧음보다, 절을 하는 횟수의 많고 적음보다, 마음을 잘 모아 염불을 하거나 정성을 다해 한배 한배 절을 올리는 것이 중요합니다.

물론 기도 방법은 염불이나 절이 아니어도 괜찮습니다. 다라니를 외우든 경전을 외우든 사경을 하든 부처님을 관하든 상관이 없습니다. 초점은 형식적으로 행하는 것이 아니라 마음을 잘 모아 기도하는 것입니다.

잘 안 될지라도 열심히 하십시오. 처음부터 마음을 잘 모아 기도할 수 있는 사람은 흔치 않고, 기도하는 시간 내내 마음을 잘 모을 수 있는 사람도 드뭅니다. 그리고 여러 날 기도를 하다 보면 기도에 대한 회의도 일어날 수 있습니다.

그렇지만 이 모든 것을 극복하고 기도해야 합니다. 물러서지 말고 포기하지 말고 억지로라도 하십시오. 나 스스로 나를 격려하면서 억지로라도 해나가면, 모든 장애를 능히 극복할 수 있습니다.

정성을 모으면서 꾸준히 나아가면 차츰 익숙해지고, 머지않아 일념의 차원을 이루어 원을 성취하고 행복하게 살 수가 있게 됩니다.

❁

내가 잘 아는 서울 봉천동 보살의 이야기입니다.

1983년경, 그녀의 남편은 3살짜리 아들을 남겨놓고 세상을 떠났습니다. 여자 혼자서 아이를 키우며 사는 것만도 큰 불행인데, 유일한 의지처인 아들마저 6살이 되자 병이 들었습니다.

뇌막염! 의사들은 가망이 없으니 죽음을 준비하라고 했습니다. 하지만 그녀는 포기할 수 없었습니다. 어떻게 하든지 아들을 살리고 싶었습니다. 그녀는 백일기도를 발원했습니다.

초등학교 교사인 그녀는 아직 출가하지 않은 친정동생을 데려다가 아들을 맡겼습니다. 그리고 하루종일 학교에서 근무를 하고, 퇴근길에 봉천동 버스정류소에 내려 관악산 중허리에 있는 암자로 올라가 1천배씩 절을 하였습니다.

"부처님, 아들을 살려주십시오."

그녀는 매일매일 정성껏 기도했습니다. 몸이 고통스럽고 어지러워 쓰러진 일도 있었지만, 백일을 하루 같이 기도했습니다.

그런데 마지막 백일째 되는 날, 폭설이 내렸습니다. 거리에는 차들도 잘 다니지 않았습니다. 겨우 봉천동 종점까지 가는 버스를 탈 수 있었으나, 도저히 산길을 올라갈 수가 없었습니다.

두 걸음 세 걸음 올라가면 대여섯 걸음을 미끄러져 내려갈 때도 있었고, 눈 속을 구르기도 여러 번 하였습니다. 주위의 나뭇가지를 잡으며 한발 한발 어렵게 나아가는데도, 암자에는 언제 도착할지 아득하기만 했습니다. 그때 젊은 스님 한 분이 나타나 손을 내밀었습니다.

"힘이 드시지요? 제가 도와드리겠습니다."

손을 잡으며 얼굴을 보니, 낯선 스님인데 나이는 20대 후반 정도 되어 보였습니다. 보살의 손을 잡은 스님은 눈 덮인 산길을 평지처럼 걸어갔고, 곧 1㎞ 밖에 있는 암자에 도착했습니다. 너무도 고마웠던 그녀는 고개 숙여 인사를 했습니다.

"스님, 정말 감사합니다."

그런데 고개를 들어보니 스님의 모습이 보이지 않았습니다. '이상하다' 생각하며 법당으로 들어가서, 부처님 전에 1천배를 올리고 내려왔습니다.

버스 종점에 이르러, 집에서 너무 늦는 것을 걱정

하고 있을 동생에게 전화를 걸자, 동생이 다급하게
소리쳤습니다.

"언니, 빨리 와!"

'아, 아들이 죽었구나.'

그녀는 아이가 죽은 것으로 생각하고 모든 것을
단념했습니다. 그런데 12시가 다 되어 집에 도착하
였더니 그곳에 기적이 있었습니다.

"엄마!"

어제까지만 하여도 사경死境을 헤매던 아들이 뛰
쳐나와 목에 매달리는 것이었습니다.

"부처님, 감사합니다."

다음날 아들을 병원에 데리고 갔더니 의사는 도
저히 이해할 수 없다는 듯이 말했습니다.

"기적입니다. 병의 그림자도 없군요."

❧

봉천동 보살님처럼, 누구든지 정성껏 기도하면
반드시 소원성취를 할 수 있습니다. 밥을 먹으면

누구나 배가 부르듯, 나도 밥을 먹으면 배가 부를 수 있고, 싯달타태자가 부처가 되었듯이 나도 부처가 될 수 있으며, 봉천동 보살이 기도 성취를 보았듯이 나도 소원을 이룰 수 있습니다.

기도! 그냥 하기만 하면 됩니다.

하면 되는데 그냥 안 할 뿐입니다.

마냥 할 뿐 처음부터 기대를 걸고 달려들지 마십시오. '기대'가 기도 성취를 가로막습니다. 힘이 들면 이를 악물고 주먹을 꽉 쥐면서 정성껏 기도할 뿐입니다.

'요만큼 기도하면 이만큼 돌아오겠지.'

'나'의 일방적인 욕심으로 미리 계산을 해놓고 기대 속에서 행하는 기도는 자칫 그릇된 길로 우리를 몰고 갑니다. 그들은 말합니다.

"부처님은 영험스럽지가 못해. 불교는 아무것도 아니야."

기대 속에서 기도를 하는 사람은 이렇게 쉽게 무

너집니다. 그러므로 기도 성취의 시간도 기대하지 말고 장소도 기대하지 말고, 정성껏 원을 세우며 기도하십시오.

백일기도를 해서 되지 않으면 '정성이 부족했는가 보다' 생각하고 다시 백일기도를 하십시오. 때가 되면 성취는 스스로 다가옵니다. 우리가 일방적으로 정한 때에 얽매이지 말고 정성껏 기도하면 분명히 바라는 것이 이루어집니다. 물론 스스로 정한 때보다 빨리 이루어질 수도 있습니다.

부처님의 법은 너무나 크고 넓어서, 그 법에 의지하면 바라는 것을 다 이룰 수 있습니다. 해탈을 바라고 부지런히 기도하면 해탈의 도가 이루어지고, 병 낫기를 바라면 병이 낫고, 아들딸 바로잡기를 바라면 아들딸이 바른길로 옵니다.

다만 처음부터 기적을 바라고 기대심리로 불교를 믿지는 마십시오. 반찬이 있건 없건 매일매일 밥을 먹듯이 꾸준히 정성 들여 기도를 행하면 꼭 원대로 됩니다.

꼭 명심하고 기도하여 원성취 하시기 바랍니다.

이제 장을 바꾸어 기도 성취의 갈림길이 되는 기도 시험에 대해 살펴봅시다.

정성을 모아 기도하라

II. 기도에도 시험이 있다

기도의 고비

기도하는 모든 이들은 하나같이 기도가 성취되었으면 합니다. 그러나 뜻과 같이 기도를 이루는 이보다 성취를 못 보는 이들이 훨씬 많습니다.

왜 정성 드려 기도하는데도 성취를 못 보는 것인가? 가장 큰 이유는 고비를 넘기지 못하기 때문입니다.

세상의 모든 일들이 그러하듯이 기도에도 고비가 있습니다. 고비를 넘기지 못하여 기도를 멈추거나 방황하게 되면, 처음 열심히 한 기도도 성취가 멀어집니다.

실로 우리 불자들 중에는 기도를 하고 있을 때 오히려 집안이 거꾸로 돌아가는 경우를 체험한 분이 더러 있을 것입니다.

소소한 기도는 상관이 없지만, 꼭 이루어야 할 기도인데 이상하게도 뜻밖의 사건이 터지는 경우가 많습니다. 그리고 그 뜻하지 않은 사건 때문에 기도를 포기하는 사람이 많습니다. 이때를 잘 넘겨야 합니다. 참으로 중요한 고비는 바로 이때입니다.

절에 와서 기간을 정해 백일기도를 하다 보면 묘하게도 가족들이 찾아와 시험을 합니다.

남편이 와서 "주부 노릇도 못하면서 기도는 무슨 기도!"라며 소리를 지르고 폭력을 가하는가 하면, 아이들이 울면서 찾아와 "집안이 엉망이 되었으니 어서 돌아가자"고 합니다. 때로는 부도가 나고 주변 사람이 다치는 사고까지 일어나는 경우도 있습니다.

이러한 때에 그들은 어떻게 할까요? 대부분의 사람은 마음이 약해져 버립니다.

'집안이 결딴날 판에 기도는 무슨 기도!'

'내가 없으니 집안이 쑥밭이구나. 기도를 하고 못하고는 문제가 아니다. 집안부터 편안하게 만들자.'

이렇게 희생적인 생각을 일으켜 기도를 포기하고 집으로 돌아갑니다. 그러나 집으로 돌아간들 생각처럼 해결이 되지 않습니다. 기도를 시작하기 전보다 나아지는 것이 조금도 없고, 일들과 집안은 더욱 거꾸로 돌아갈 뿐입니다.

일단 오랜 생각 끝에, 또 꼭 필요에 의해, 그리고 무엇인가를 이루기 위해 기도를 시작하였으면 끝까지 밀고 나가야 합니다. "이 몸뚱이가 죽든, 집안이 터져버리든, 자식이 뿔뿔이 흩어지든, 배우자가 바람을 피우든, 나는 움직이지 않는다"고 하면서 기도를 끝까지 밀고 나아가야 합니다.

이렇게 기도를 밀고 나가 고비를 넘기고 나면 모든 것은 제자리로 돌아옵니다. 일부러 돌려놓으려고 하지 않아도 있어야 할 자리로 돌아오게 되어 있습니다. 이것이 기도의 법칙이요 법계法界의 법칙입니다.

그런데 막바지에 와서 겁을 먹고 타협하여 고비를 넘기지 못한 채 주춤하면, 여태까지 애써 기도한 것이 물거품이 되어버립니다.

❀

대구에 살고 있는 신도 한 분은 남편의 사업이 잘 되지 않자 기도를 하겠다며 남해안의 이름 있는 관음기도도량을 찾아갔습니다. 그녀는 삼칠일(21일)을 작정하고 부지런히 '관세음보살'을 부르며 기도하였는데, 보름 가량 되었을 때 집에서 연락이 왔습니다. '부도 직전이니 빨리 돌아오라'는 것이었습니다.

'기도를 하는 중에 부도 직전이라니! 관세음보살님도 너무 하시는구나.'

실망한 그녀는 집으로 돌아가 '주위 사람들에게 빚이라도 내어볼까' 생각했습니다. 그러나 부도 직전의 집안에 돈을 빌려줄 사람이 있을 것 같지 않았습니다.

그녀는 또 생각했습니다. 집으로 돌아가 남편과 자식을 위로하고 아픔을 함께 나누는 것이 도리라고…. 하지만 그것 또한 인정이요 애착일 뿐 진정한 해결방법이 되지 못했습니다.

'이것도 저것도 방법이 아니라면…. 차라리 관세음보살님께 매달려 보자.'

생각을 고쳐먹은 그녀는 간절히 간절히 관세음보살을 부르면서 열심히 기도하여 삼칠일을 채웠습니다. 그리고 집으로 돌아와 보니 부도 직전의 사업체가 뜻밖의 특별융자를 얻어 다시 살아나게 되었고, 그때부터 사업이 더욱 잘되어 지금은 누구도 부럽지 않은 삶을 살고 있습니다.

⚜

이 보살님처럼 기도 기간을 정하고 시작을 하였으면 어떠한 일이 일어나도 끝을 보고자 해야 합니다. 문제가 생길 때 결코 포기하지 마십시오. 오히려 기도 도중에 고비가 생기고 시련이 닥쳐오면 스스로를 경책하십시오.

"터질 테면 터져라. 집안이 터져나가든 살림살이가 거꾸로 돌아가든, 내가 어떻게 해결할 수 있는 바가 아니다. 지금 내가 할 수 있는 일은 오직 이 기도뿐! 나머지는 모두가 마구니일 뿐이다."

이렇게 생각하고 밀고 나아가서 그 고비를 넘기고 나면 모든 것은 제자리로 돌아옵니다. 다 깨어져 버리고 터져버릴 것 같았던 문제들이 모두 해결되어 제자리에 앉게 됩니다.

그런데 겁을 집어먹고 물러서 보십시오. 모든 것이 후퇴를 해버립니다. 기도만이 아니라 문제 해결도 '도로아미타불'이 되어버립니다. 곧 마구니에게 지고 마는 것입니다.

그러므로 기도를 할 때는 인정에 끄달리지도 말고 애착에 끌려가지도 말고, 성심껏 내가 지금 해야 할 그 기도에만 몰두하십시오. 집안이 쑥밭이 되든 누가 죽어간다 하든 돌아보지 말고 전진하십시오. 전진하면 모든 문제가 사라집니다. 모든 마구니가 자취를 감춥니다.

물론 기도를 하다 보면 고비가 많습니다. 왜 고비가 많고 장애가 많을까요?

시작없는 옛적부터 탐욕과 성냄과 사견邪見에 젖은 채 너무나 많은 산을 쌓고 너무나 많은 구덩이를 파며 살아왔기 때문입니다. 그러므로 기도를 하는 이 순간에 스스로가 파놓았던 수많은 장애들이 모습을 드러내어 수행의 길, 기도 성취의 길을 가로막는 것입니다.

　고비를 만나고 장애가 찾아들면 겁을 먹지 말고 용맹스러운 자세로 임하십시오.

　'터질 테면 모두 터져라. 나는 상관 안 한다.'

　이렇게 작정하고 기도에 전심전력으로 몰두하여 삼매의 길로 들어서십시오. 정녕 이렇게만 작심하고 기도를 해나가면 두려울 것이 없습니다. 어떤 장애도 어떤 사건도 '나'를 흔들지 못합니다.

　기도 시험을 이겨내고 흔들림 없는 자리에 들어서면 소원 성취가 가까워집니다. 장애를 이겨내고 성취를 이루는 데는 특별한 비결이 없습니다. 흔들림 없이 꾸준히 하는 것. 그것밖에는 특별한 비결이 없습니다. 이를 깊이깊이 명심하고 기도를 해나가야 합니다.

기도에 회의가 일어날 때

　물론 기도를 하다 보면 회의가 많이 일어납니다. '될까?' 싶기도 하고 '그만할까?' 싶기도 합니다.

　그럼 기도 성취나 기도 과정에 대해 회의가 일어날 때는 어떻게 해야 하는가? 그때 취해야 할 자세와 기도 끝에 열리는 행복에 대해 옛이야기 한 편을 음미하면서 함께 살펴보고자 합니다.

❀

　고려시대 최고의 고승 중에 한 분인 대각국사大覺國師 의천義天스님은 1055년 9월에 고려 제11대 임금인 문종文宗의 넷째 아들로 태어났습니다.

　그러나 왕자는 태어나는 순간부터 울기 시작하여 울음을 그칠 줄 몰랐습니다. 젖을 먹여도 울고 얼

러도 울고, 갖은 애를 써도 울음을 그치지 않았습니다.

그런데 한가지 이상한 점이 있었습니다. 멀리서 은은히 들려오는 목어木魚 소리를 듣기만 하면 왕자가 울음을 뚝 그치는 것이었습니다.

"어떤 인연이 있는 것이 틀림없다. 저 목어 소리가 나는 곳을 찾아보도록 하라."

이윽고 어명을 받은 관리는 목어 소리가 들려오는 서쪽을 향해 길을 떠났고, 서해 바닷가에 이르게 되자 배를 타고 계속 서쪽으로 나아가 중국 항주杭州 의 경호鏡湖에 이르렀습니다. 목탁소리는 그 호숫가에 있는 절의 법당에서 흘러나오고 있었습니다.

관리는 목어를 치며 염불하고 있는 스님께 찾아온 까닭을 말하고, 고려로 함께 가서 왕자의 병을 고쳐주기를 청했습니다. 흔쾌히 허락한 스님은 고려로 와서 왕자를 만났습니다. 그러나 왕자는 울음을 그치지 않았습니다.

이윽고 왕자를 물끄러미 내려다보고 있던 스님이 두 손을 모으고 절을 하자, 왕자는 울음을 뚝 그치고 방긋방긋 웃기까지 하는 것이었습니다. 문종은 스님에게 치하했습니다.

"스님, 정말 감사합니다. 그런데 아직 한 가지 걱정이 더 남았습니다. 왕자가 태어난 뒤부터 지금까지 왼손을 펴지 않고 있습니다. 억지로 펴 보기도 하였으나 도무지 펼 재간이 없습니다."

"소승이 한번 펴보겠습니다."

스님이 살며시 왕자의 왼손을 잡고 몇 번을 쓰다듬자 손을 활짝 펼쳤고, 그 손바닥에는 '불무령佛無靈'이라는 세 글자가 또렷이 새겨져 있는 것이었습니다. 그 글자를 보자마자 중국에서 온 승려는 왕자 앞에 엎드려 흐느껴 울면서 소리쳤습니다.

"스님, 우리 스님! 여기서 다시 뵙게 될 줄은 꿈에도 몰랐습니다. 스님께서 환생하여 왕자님이 되셨

다니…."

"그것이 무슨 말씀이오?"

"은사스님은 본래 가마를 메고 다니던 가마꾼이 었는데, 몇십 년 동안 돈을 모은 다음 경호 호숫가에 절을 짓고 스님이 되셨습니다. 그리고 목어를 두드리며 염불정진만 하였는데, 이상하게도 돌아가시기 3년 전에 앉은뱅이가 되었고, 2년 전에는 귀머거리와 벙어리가 되었으며, 1년 전에는 장님이 되어버렸습니다. 그러더니 지난해에 벼락을 맞고 돌아가셨습니다.

'불심 깊고 염불정진 열심히 하신 스승님을 이토록 허무하게 돌아가시게 하다니! 과연 부처님의 영험은 있는 것인가?'

저는 허무한 마음을 가눌 길이 없어 은사스님의 왼쪽 손바닥에 불무령佛無靈이라는 글씨를 새긴 다음 장례를 치렀습니다.

그 후 저는 날마다 그분께서 생전에 쓰시던 목어

를 두드리며 명복을 빌었는데, 은사스님이 바다 건너 고려 땅에서 왕자의 몸으로 환생하셨으니…. 이제야 부처님의 참뜻을 알 것만 같습니다."

사연을 들은 문종은 몹시 감탄하여 말했습니다.

"불무령이 아니라 불유령佛有靈이구려. 삼생三生 또는 사생에 걸쳐서 받아야 할 죗값을 3년 만에 모두 받았으니 말이오. 이제 모든 죄업을 씻고 왕자로 태어났으니, 틀림없이 이 세상을 위해 큰일을 하게 될 것이오."

문종의 예언대로 왕자는 출가하여 불도를 닦았고, 천태종天台宗을 세워 고려에 새로운 불교를 꽃피웠습니다.

⚜

만일 죽은 그 스님이 한 생은 앉은뱅이로, 두 번째 생은 벙어리와 귀머거리로, 세 번째 생은 장님으로, 네 번째 생은 벼락을 맞아 죽게 되었다면 어떻게 불도를 올바로 닦을 수 있었겠습니까?

그런데 그 업들을 죽기 3년 전에 모두 받았습니다. 삼생을 장애인으로 살아야 할 것을 한 생을 마감하는 늙은 나이에 다 받아버리고, 그 다음 생에 고려국의 왕자로 태어나 국사에 이르고 천태종이라는 종파까지 창종하였으니, 이와 같은 복이 또 어디에 있겠습니까?

이 이야기가 깨우쳐주는 것은, 기도를 하다가 가끔씩 꼬이거나 막히는 경우가 생길지라도 실망을 하지 말라는 것입니다. 뒤집어 생각하면 꼬이고 막히는 것이 도리어 '업을 녹이는 소식'입니다.『금강경』에서 부처님께서는 설하셨습니다.

"금강경 기도를 하다가 남에게 업신여김을 당하거나 괄시를 받거나 푸대접을 받는 사람이 있다. 이 사람은 전생의 죄업으로 삼악도에 떨어질 것이나, 금강경 기도를 한 공덕 덕분에 업신여김과 괄시를 당하는 정도로 전생의 죄업을 녹일 수 있게 된다."

얼마나 희망적인 말씀입니까? 지금의 장애는 그야말로 업이 녹는 소식입니다. 그것도 크게 받을 것을 아주 작게 받으면서… 진실한 말씀만 하는 부처님께서 어찌 우리를 속이겠습니까?

기도는 한 만큼 성취됩니다. 반드시 한 만큼 성취됩니다. 아니, 불보살님의 가피까지 더하여져서 성취됩니다.

부디 기도의 공덕을 철저히 믿고, 풀리지 않거나 장애가 있는 그때를 기회로 삼아 더욱 열심히 정진해야 합니다. 절·염불·독경·사경·다라니 염송 등의 방법 중에서 하나를 택하여 열심히 기도하십시오. 장애와 막힘, 괄시·비난·푸대접을 받는 지금이, 허물과 죄업이 자꾸 녹아 없어져 가는 순간임을 생각하면서 더욱 열심히 기도를 해 보십시오.

언젠가는 보고 듣는 모든 것이 아름답고 거룩하고 즐거운, 완전한 행복의 날이 반드시 찾아오게 되어 있습니다. 불행과 슬픔에 대응하는 상대적인 행복과 기쁨이 아니라, 온통 기쁨이요 행복 그 자체인 법희삼매法喜三昧를 누릴 수 있게 됩니다.

'우리'라고 하여 이와 같은 행복의 경지를 이루지 못할 까닭이 없습니다. 우리도 부지런히 하면 반드시 절대적인 행복을 영위할 수 있습니다.

기도의 시작이 욕심에서 출발하였건 기대에서 출발하였건, 부지런히 해나가다 보면 어느 순간에 의식意識의 상태를 뛰어넘으면서 무한 행복의 경지를 체험하게 됩니다.

부디 정성스러운 마음으로 기도하십시오. 누구든지 됩니다. 고통이 있고 갈등이 있고 진정으로 바라는 바가 있으면 기도하십시오. 기도를 통하여 틀림없이 행복과 자유와 영원한 생명력을 얻을 수 있게 됩니다.

원망은 정성을 다한 뒤에

만일 정성으로 똘똘 뭉쳐 열심히 기도를 했는데도 이루어짐이 없으면 그때는 부처님을 원망해도 좋습니다. 불교를 비방해도 좋습니다.

먼저 부끄럽지 않도록 노력을 하십시오. 번뇌망상에 끌려다니지 말고 마음을 잘 모아 기도하십시오. 요행을 기대하지 말고 신심의 주춧돌 위에서 기도하십시오. 그렇게 기도를 했는데도 성취가 없으면 부처님을 원망해도 좋습니다.

❀

경북 청도 운문사 사리암邪離庵은 독성獨聖 기도처로 널리 알려져 있으며, 이곳의 독성은 '누구든지 정성을 다해 기도하면 한 가지 소원은 꼭 성취시켜주신다'고 하여 언제나 많은 참배객들이 이 절을 찾아갑니다.

1960년대 말, 사리암에서 약 30리 거리에 있는 한 마을에 독성님께 정성을 다하는 노인이 있었습니다. 농사를 지었던 그 할아버지는 수확한 첫 과일, 첫 곡식, 첫 채소를 사리암 독성님께 갖다 드리지 않고는 집안에서 손도 대지 못하게 했습니다.

과일과 채소는 반드시 사리암 독성님께 드린 다음 시장에 내다 팔았고, 가을에도 사리암 독성님께 드릴 벼를 먼저 추수하고 타작하여 바친 다음에 나머지 곡식을 거두어들였습니다.

이렇게 사리암 독성님께 정성을 쏟은 할아버지가 바라는 것은, 장가든 외동아들 부부가 빨리 사내자식을 낳아 손자를 안아보는 것이었습니다. 그런데 며느리는 연이어 딸만 셋을 낳았습니다. 할아버지는 답답했습니다. 답답하다 못해 화까지 났습니다.

추수철이 되자 할아버지는 첫 수확한 쌀을 자루

에 넣었습니다. 그리고 새끼로 멜빵을 만들어 쌀자루를 짊어진 다음, 며느리에게 셋째 손녀를 업게 하고 함께 사리암으로 갔습니다.

담배를 무척 좋아했던 할아버지였지만 '독성님께 바칠 공양미를 지고 간다'고 하여 담배 한 대 피우지 않았고, 쌀이 무거워 힘들 때도 '공양미를 지고 가면서 엉덩이를 땅에 내려놓고 쉬면 안 된다'고 하면서 깨끗한 바위에 잠깐 기대었다가 계속 걸었습니다.

그렇게 30리를 걷고 가파른 산길을 올라 사리암까지 온 할아버지는 쌀자루를 독성님 앞에 내려놓자마자 소리쳤습니다.

"독성! 당신이 나한테 해준 것이 무엇이오? 내가 당신에게 잘못한 것이 무엇이오? 나는 정말 정성껏 했소. 있는 정성 없는 정성 모두 다 바쳤는데, 왜 내 소원은 들어주지 않는 거요? 나는 손자를 얻고 싶단 말이오."

할아버지는 독성님을 향해 담뱃대로 삿대질을 하면서 큰소리로 따지고 들었습니다. 한참을 소리소리 지르던 할아버지는 수많은 신도들이 북적거리는 절 마당에 두 다리를 뻗고 앉아 대성통곡을 하였습니다.

  그 일이 있는 직후 할아버지는 연이어 손자 둘을 얻었습니다. 지금 그 할아버지는 저세상 사람이 되었지만, 아들과 그렇게 얻은 손자들이 대를 잇고 있습니다.

૪

  이 할아버지처럼, 우리가 부처님께 정성을 다해 기도하였는데도 가피를 내리지 않았다면 부처님을 향해 삿대질을 하고 고함을 쳐도 좋습니다. 원망을 하여도 좋고 몽둥이를 들고 부처님께 달려들어도 좋습니다.

  "부처님, 도대체 나에게 해준 것이 무엇이오."

  부처님을 노려보며 이렇게 소리쳐도 좋습니다. 그

러나 대부분의 불자들은 이렇게 부처님을 몰아세울 자신이 없을 것입니다. 부처님을 몰아세울 만큼 지극정성으로 기도하였다면 부처님을 마음껏 욕하고 불교를 버려도 좋습니다.

하지만 정성껏 하지 못하였다면 지금부터라도 다시 마음을 가다듬고 기도하십시오. 하루 30분이라도 좋습니다. 꾸준히 정성껏 하십시오. 정성껏 한다는 것은 기도 중의 어려움, 게으른 생각과 타협하지 않고 마음을 하나로 모아간다는 것입니다.

그리고 아주 특별한 경우에 처하여 기적 같은 성취를 바란다면 뼈를 깎는 자세로 기도에 임하십시오. 그렇게 하면 반드시 기도의 원이 이루어집니다.

부디 믿음의 주춧돌을 견고히 놓아, 일어나는 번뇌를 좇아가지 말고 정성껏 기도하십시오. 기도 성취의 가장 요긴한 비결은 부지런히 하는 것입니다.

물러서지 말고 포기하지 말고 억지로라도 하십시오. 망상이 일어나도 하고 어거지로라도 해야 합니

다. 그렇게 매일매일 부지런히 몰아쳐 가다 보면 기
도의 길이 잡힙니다. 차츰 내 몸에 자리가 잡히고
내 마음에 자리가 잡혀 삼매를 이루게 됩니다.

그리고 이러한 때에 이르면 행복의 문이 활짝 열
려서, 기쁘고 즐겁고 거룩한 일들만 가득하게 되나
니….

III. 기도는 행복의 원동력

행복의 문을 여는 기도

기도를 하다 보면 가피가 빨리 찾아올 때도 있고 늦게 찾아올 때도 있습니다. 이것이 시절인연時節因緣입니다. 그러나 시절인연을 잘 이해하기란 용이하지 않습니다. 그래서 기도를 하다가 답답해진 불자들은 하소연을 합니다.

"백일기도를 했는데도 소원성취는커녕 기별도 없습니다. 기도를 하면 정말 이루어지는 것이 있습니까?"

더 급한 사람은 이렇게도 이야기합니다.

"도대체 기도를 하여 소원을 이룬 사람이 몇이나 있습니까? 그런데도 스님들은 자꾸 기도만 하라고 하니…. 차라리 다른 종교를 믿을까 봐요."

물론 마음이 급하기 때문에 이러한 말을 하는 것이겠지만, 조급한 마음이 가득하면 기도 성취는 더욱 늦어집니다. 그러므로 생각보다 기도의 가피가 조금 늦게 찾아든다고 하여 조급증을 내지 마십시오.

같은 태양이 천하를 비출 때 빛이 산봉우리로 먼저 찾아들고 나중에 골짜기로 찾아드는 것과 같이, 빠르고 늦음의 차이가 있을 뿐, 기도 성취의 인연이 무르익으면 성취의 시절이 반드시 다가오게 되어 있습니다.

오히려 조심할 것은 기도에 대한 지나친 기대와 기도 성취에 대한 큰 애착입니다. 큰 애착과 큰 기대는 큰 착오를 불러일으킬 수 있습니다.

그러므로 조급증을 내지 마십시오. 조급증을 내면서 기도를 하면 좋은 결과가 결코 쉽게 돌아오지 않습니다. 오히려 '기꺼이 받겠다'는 마음으로 진득하게 기도하면 결과가 훨씬 훌륭하게 다가옵니다. 그리고 시절인연이 다다르면 반드시 기도 소원이 이루어집니다.

꼭 명심하십시오. 기도는 다생의 죄업을 녹입니다. 기도는 우리를 새롭게 태어나게 하고, 행복의 문을 활짝 열어줍니다. 기도! 그것은 우리를 바라밀의 세계로 나아가게 하는 최고의 방편인 것입니다.

❀

지금부터 약 40년 전, 부산 영도에 있는 법화사에서 팔십이 넘은 노보살님 한 분을 만났습니다. '관세음보살을 부지런히 불러서 명命을 이었다'는 그 할머니는 언제나 잔잔한 미소를 띠고 계셨는데,

나에게 기도정진했던 이야기를 들려주었습니다.

할머니는 태어나면서부터 몸이 아주 약했을 뿐 아니라 단명상短命相을 띠고 있었는데, 관상을 본다는 사람들은 하나같이 삼십을 넘기지 못한다고 하였습니다.

그녀의 나이 20세가 되었을 때 중매가 들어오자, 그녀의 어머니는 시어머니 될 분에게 딸의 단명상을 털어 놓았습니다. 그런데 시어머니는 개의치 않았습니다.

혼례를 올린 직후 배짱이 든든했던 시어머니는 며느리를 부산 동래의 연산동에 있는 마하사摩訶寺로 데리고 가서, 스님들 시중을 들며 공부를 하고 있는 친구에게 자초지종을 말한 다음 부탁했습니다.

"며느리를 맡길 테니 부처님께 빌어 명을 늘려다오."

"너의 부탁인데 내가 어찌 마다하겠느냐? 부처님

께 빌어서 틀림없이 이 아이의 명을 길게 만들어주
겠다. 하지만 1년이 걸릴지 10년이 걸릴지 지금은
장담할 수가 없다. 그동안 집안에서 어떤 일이 일어
나더라도 이 아이에게 연락해서는 안 되고, 집안사
람 누구도 찾아와서는 안 된다. 그렇게 할 수 있겠
느냐?"

조건을 받아들인 시어머니는 마하사를 떠나갔고,
며느리는 그날부터 보살의 지도를 받아 관세음보
살을 부르기 시작했습니다.

"지금부터 너는 죽음을 멀리 물리치기 위한 기도
를 시작해야 한다. 죽음을 물리치려면 죽으나 사나
'관세음보살'을 불러야 한다."

그러면서 처음에는 밥 먹은 그릇 씻는 일조차 시
키지 않고 무조건 법당으로만 몰아붙였습니다. 낮
시간은 물론이요, 저녁예불이 끝나면 12시까지 함
께 법당에서 관세음보살을 불렀고, 첫닭이 울면 잠
에 곯아떨어진 그녀를 깨워 관세음보살을 부르게

했습니다.

그렇게 몇 달이 지난 다음, 보살은 그녀에게 조금씩 조금씩 일을 시키기 시작했습니다.

"네가 먹은 밥그릇만 씻어 놓고 법당에 가거라."

"네가 신은 버선은 직접 빨도록 하여라."

이렇게 차츰 일을 시키며 염불을 독려하기를 몇년, 마침내 그녀는 밭을 매건 빨래를 하건 밥을 짓건 청소를 하건 관세음보살을 끊어짐이 없이 부를수 있게 되었습니다. 누우나 서나 앉으나 다니나 한결같이 관세음보살과 함께하였고, 마침내는 잠을 자면서도 '관세음보살'을 놓치지 않게 되었습니다. 마침내 그 보살은 말했습니다.

"이제 시댁으로 가서 시부모님 모시고 남편 받들면서 살아라. 그렇지만 아직 결론이 난 것은 아니다. 관세음보살님께서 답을 주실 때까지, 절대로 '관세음보살'을 놓쳐서는 안 된다."

그녀는 그 길로 마하사에서 내려와 시부모님을

모시고 남편을 받들며 살았습니다. 세월이 흘러 그녀는 아들 둘을 얻었고, 큰아들이 6살, 작은아들이 3살이 되었을 때 묘한 체험을 했습니다.

그해 초여름, 저녁밥을 지어 놓고 들판으로 일하러 나간 시부모님과 남편이 돌아올 때를 기다리며 방안에서 조용히 관세음보살을 염하고 있었습니다. 그런데 갑자기 방안의 촛불이 탁 켜지는 것이었습니다. 누가 불을 붙인 것도 아닌데 저절로 촛불이 켜진 것입니다.

어둑어둑한 방에 저절로 켜진 촛불! 이것은 바로 관세음보살님께서 내린 답이었습니다. 10년이 넘은 염불을 통하여 마침내 관세음보살님으로부터 답을 얻은 그 보살님….

내가 노보살님을 만났을 때는 팔십이 넘은 나이였으며, 얼굴에는 천진스러운 미소가 떠날 줄 몰랐습니다. 노보살님은 부산 시내를 내려다보며 늘 말씀하셨습니다.

"스님, 부산 시내를 좀 바라보세요. 참 아름답고 거룩하지요? 이렇게 평화스럽고 행복한 땅이 어느 곳에 따로 있겠습니까? 극락세계! 여기가 바로 극락세계요. 부처님 나라 아니겠습니까?"

§

노보살님은 나에게 동의를 구하는 것이 아니었습니다. 노보살님의 눈에 그렇게 보인 것입니다.

실로 노보살님은 싫어하거나 역겨워 하거나 기분 상하는 법이 없었습니다. 보고 듣는 모든 것 속에서 아름답고 거룩하고 즐거움을 느낄 뿐이었습니다. 그야말로 '관세음보살'을 염하여 법희삼매法喜三昧를 얻은 것입니다.

완전한 행복, 완전한 기쁨! 불행과 슬픔에 대응하는 상대적인 행복과 기쁨이 아니라 온통 기쁨이요 행복 그 자체인 법희삼매….

부지런히만 하면 대해탈까지

결코 우리라고 하여 이와 같은 행복한 경지를 이루지 못할 까닭이 없습니다. 우리도 부지런히 하면 반드시 절대적인 행복을 누릴 수 있습니다.

기도의 시작이 욕심에서 출발했건 기대에서 출발했건, 부지런히 해 나가다 보면 의식意識의 상태가 떨어져 나가고 시간과 공간이 떨어져 버리는 삼매의 경지를 체험하게 됩니다.

부디 부지런히 기도하십시오. 망상이 일어나도 좋고 어거지로 해도 좋습니다. 부지런히 몰아쳐 가다 보면 저절로 기도의 길이 잡힙니다. 어떻게 몰아쳐 가야 하는가?

기도를 하다가 내 생각이 번뇌 망상을 좇고 있음을 느낄 때마다 내 생각을 다시 기도 속으로 들어서게 해야 합니다. 바깥으로 달아나는 의식을 안으로 거두어들이고 또 거두어들여야 합니다.

　모든 기도의 원리가 다 같으므로 '관세음보살' 기도를 예로 들겠습니다.

　처음에는 '관세음보살' 기도에 마음을 모으는 것이 쉽지 않습니다. 목탁 소리에 맞추어 입으로는 "관세음보살, 관세음보살…" 하면서 생각은 엉뚱한 곳으로 달아납니다. 스스로를 오랫동안 번뇌 속에 방치한 채로 살아왔기 때문에 어쩔 수가 없습니다.

　그렇지만 자꾸자꾸 생각을 모으고 의식을 모아 기도하다 보면, 법당에 있을 때나 고요한 곳에 있을 때는 마음을 모아 염불하기가 훨씬 용이해집니다.

　하지만 법당 밖을 벗어나 행동을 하거나 시끄러운 곳에 이르면 '관세음보살'이 달아나 버리는 수가 많습니다. 이때 더욱 마음을 다잡아 애를 쓰다 보면 조용히 있을 때도 '관세음보살', 움직일 때도 '관세음보살'을 염할 수 있는 동정일여動靜一如의 경지에 다다르게 됩니다.

그러나 이 동정일여의 경지에 이르렀을지라도 다른 사람과 대화를 하다 보면 '관세음보살'이 달아나 버리는 경우가 많습니다. 이때 더욱 집중하면 말을 하면서도 '관세음보살'을 염할 수 있는 어묵일여語黙一如의 경지에 다다르게 됩니다.

말을 할 때도 염불을 하는 '어묵일여'만 되면 잠을 잘 때나 깨어 있을 때나 한결같은 오매일여寤寐一如의 경지가 그리 어렵지 않게 이루어집니다. 깨어 있을 때뿐만 아니라 코를 골면서도 '관세음보살', 몸부림을 치면서도 '관세음보살', 꿈을 꾸면서도 '관세음보살'을 염할 수 있게 됩니다.

잠을 잘 때나 깨어 있을 때나 한결같이 염불이 되는 오매일여의 상태가 계속되면, 마침내는 이 몸뚱어리가 떨어지거나 붙어 있거나에 관계없이 온통 '

관세음보살'로 가득 채워지는 생사일여生死一如의 경지에 이르러 대자유·대해탈·대열반을 이루게 되는 것입니다.

물론 첫 단계인 동정일여의 단계를 체득하기도 쉽지가 않을 것입니다. 하지만 물러서지 말고 애써 마음을 모아 관세음보살을 불러 보십시오. 어느 날 문득 자리가 잡혀 삼매를 이루게 됩니다. 그때가 되면 행복의 문이 활짝 열리고, 그때가 되면 '명을 이은 노보살님'처럼 기쁘고 즐겁고 거룩한 일들만 가득하게 됩니다.

부디 간절하고 지극한 마음으로 기도하십시오. 누구든지 됩니다. 고통이 있고 갈등이 있고 진정으로 바라는 바가 있으면 기도하십시오. 틀림없이 기도를 통하여 행복과 자유와 영원한 생명력을 얻을 수 있습니다.

맺음말

이제 기도법문을 끝맺으면서, 이 산승의 간절한 청 하나를 실습니다. 그것은 이제 우리가 달라져야 한다는 것입니다.

우리는 불보살님을 찾아 매달리기만 하는 불자의 자리에만 머물러 있어서는 안 됩니다. 기도를 하여 한 단계 높이 올라서서, 불보살님과 함께할 수 있는 불자가 되어야 합니다.

매달리는 기도의 차원에서 이 세상을 아름답고 평화롭게 바라볼 수 있는 차원으로 올라서야 합니다. 고난을 벗어나고 세속적인 소원성취를 목표로 삼는 기도에서, 스스로도 깨어나고 세상을 살리는 차원으로 올라서는 기도를 하고자 노력해야 합니다.

언제까지 구원을 받는 자리에 있을 것입니까? 평생을 '도와주십시오' 하며 살 것입니까?

오히려 모든 어려움은 불보살님께 맡기고, 이 세상 속에서 평화로움과 아름다움을 느끼는 차원으로 올라서야 합니다. 곧 구원의 대상에서 한 걸음 더 나아가, 이제부터는 아뇩다라삼먁삼보리를 얻는 쪽으로 나아가라는 것입니다.

아뇩다라삼먁삼보리를 한문으로 번역하면 무상정변정각無上正遍正覺입니다. 위없이 바르고 두루하고 밝은 깨달음! 바로 이 마음을 발하겠다는 것이 발아뇩다라삼먁삼보리심입니다.

흔히 이 마음을 줄여 보리심菩提心이라고 합니다. 보리심이 무엇입니까? '나도 이롭고 남도 이롭게 하며 살겠다'는 자리이타自利利他의 마음입니다. 나도 깨닫고 남도 깨닫게 하겠다는 자각각타自覺覺他의 마음입니다.

바꾸어 말하면, 자리와 자각은 지혜智慧요, 이타와 각타는 자비慈悲입니다. 지혜와 자비를 갖춘 삶을 살겠다는 것입니다. 나 혼자만 행복하게 살겠다는 것이 아니라, 모든 중생을 행복하게 만들겠다는 염원을 담은 마음이 보리심입니다.

중생은 자기만의 행복, '나' 중심의 행복을 추구합니다. 그런데, '나만의 행복'이라는 미한 생각에서 벗어나 일체중생의 행복을 생각하는 마음가짐이 된 것을 발보리심이라 하는 것입니다.

그렇다면 지금의 우리는 어떻습니까? 지금껏 불교를 잘 믿어온 우리는 어떻습니까? 보리심이 일어났습니까? 혼자만 행복하면 그만이라는 생각에서 깨어나, 다른 중생을 조금씩 생각하고 돌아볼 수 있는 마음을 갖게 되었습니까?

진실로 이렇게 변하였다면 이미 '나' 속에는 자리이타의 무량공덕이 생겨나기 시작한 것입니다. 미혹한 중생의 길에서 벗어나 보리심을 발할 줄 아는

보살의 길로 들어선 것입니다. 정녕 이보다 더 큰 이익과 향상이 어디에 있습니까?

부디 부처님의 가르침을 깊이 새겨, 기도하는 우리의 마음을 보리심으로 바꾸어 보십시오. 그리고 석가모니불·아미타불·관세음보살·지장보살님과 같은 대자비심을 품어보십시오.

우리의 삶이 자리이타·자각각타의 지혜롭고 자비롭고 평화롭고 행복이 가득한 삶으로 바뀌게 되며, 어떠한 목표도 능히 성취할 수 있게 됩니다.

그날까지 용기를 잃지 말고 부지런히 기도하여, 꼭 가정의 평화와 행복을 이루고 큰 뜻을 성취하시기를 두 손 모아 축원하고 또 축원드립니다.

나무마하반야바라밀

기도 및 영가천도의 지침서

광명진언 기도법 / 일타스님·김현준　　　　　신국판 176쪽　6,000원
광명진언 기도를 널리 펴고자 일타스님과 김현준 원장이 함께 저술한 책. 광명진언 속에 새겨진 참의미와 바른 기도법, 빠른 기도성취법 등을 자상하게 설하고, 유형별 기도성취 영험담을 다양하게 수록하였으며, 누구나 보기 쉽도록 큰활자로 발간하였습니다. 광명진언을 외우면 행복과 평화, 영가천도, 소원성취를 이룰 수 있습니다.

생활 속의 기도법 / 일타스님　　　　　　　　신국판 160쪽　5,500원
불교계 최대의 베스트셀러! 일상생활에서 누구나 처할 수 있는 여러 가지 상황에 따른 구체적인 기도방법에서부터 특별기도성취법·영가천도기도법·기도할 때 지녀야 할 마음가짐까지, 자상한 문체로 예화를 섞어 쉽고 재미있게 엮었습니다.

기도 / 일타스님　　　　　　　　　　　　　　신국판 240쪽　8,000원
총 6장 52편의 다양한 기도 영험담으로 엮어진 이 책을 읽다보면 기도를 통해 틀림없이 부처님의 가피를 입을 수 있음을 확신할 수 있게 되고, 올바른 기도법과 함께 기도성취의 지름길을 알 수 있게 됩니다.

기도성취 백팔문답 / 김현준　　　　　　　　신국판 240쪽　8,000원
기도에 대한 정의·기도와 믿음·업장소멸의 방법·꾸준한 기도의 효험·원을 세우는 법·축원법·각종 기도가피와 기도성취의 시기·성취를 위한 하심법下心法 등 기도에 관한 궁금증들을 문답형식으로 자상하게 풀이하였습니다.

참회와 사랑의 기도법 / 김현준　　　　　　　신국판 192쪽　6,500원
총 84가지 문답을 통하여 참회의 정의에서부터 참회기도를 해야하는 까닭, 절을 통한 참회법·염불참회법·주력참회법·가족을 향한 참회법, 기도 축원의 구체적인 내용 및 자비의 기도가 갖는 효과, '백중과 영가천도' 등에 대해 아주 상세하게 설명하고 있습니다.

불교의 자녀사랑 기도법 / 김현준　　　　　　신국판 160쪽　5,500원
자녀들을 정말 잘 사랑할 수 있는 방법을 부처님의 가르침에 의지하여 쓴 책입니다. 자녀 교육 방법, 자녀를 위한 기도법과 함께 부모님께 효도해야 하는 까닭도 수록하였습니다.

참회·참회기도법 / 김현준　　　　　　　　　신국판 160쪽　5,500원
참회의 참된 의미, 절·염불을 통한 참회법, 참회인의 마음가짐, 이참법 등을 영험담들과 함께 감동 깊게 엮은 책으로, 참회를 통해 행복하고 자유로운 삶을 사는 방법을 열어주고 있습니다.

신묘장구대다라니 기도법 / 우룡스님·김현준 신국판 208쪽 7,000원
신묘장구대다라니를 외우면 생겨나는 가피와 공덕, 기도의 방법과 주의할 점, 우룡스님이 들려주는 14편의 영험담, 대다라니의 근본경전인『무애대비심다라니경』을 수록하고 있는 이 책을 읽고 자신있게 기도하면 심중 소원의 성취와 기적같은 체험도 할 수 있습니다.

기도 이야기 / 우룡스님 신국판 204쪽 7,000원
"스님, 기도로 소원을 성취할 수 있습니까?" 총 6장 45편의, 참으로 재미있는 기도성취 영험담이 수록된 이 책을 읽고 기도를 하면, 불보살님과 통하는 감응의 길이 열리면서 심중소원을 빨리 성취하게 됩니다. 또한 이야기 끝에 붙인 큰스님의 해설은 기도의 방법을 쉽게 터득할 수 있도록 이끌어줍니다.

영가천도 / 우룡스님 신국판 160쪽 5,500원
영가의 장애를 느끼십니까? 돌아가신 영가를 영가를 제대로 천도해 드리지 못했습니까? 영가천도의 필요성과 기본자세, 염불·독경·사경을 통한 영가천도, 49재, 낙태아 천도 등 영가천도에 관한 궁금증 및 천도의 방법을 우룡스님의 자세한 법문으로 풀어드립니다.

관음신앙·관음기도법 / 김현준 신국판 240쪽 8,000원
관음신앙의 뿌리에서부터 관세음보살의 구원능력, 주요경전속의 관음관, 11면관음·천수관음·32응신·33관음 등 자비관음의 여러가지 모습, 일심칭명 일념염불의 관음기도법, 독경사경 기도법, 다라니 염송 기도법 등을 자세하고도 알기 쉽게 풀이하였습니다.

미타신앙·미타기도법 / 김현준 신국판 160쪽 5,500원
아미타불의 참 모습에서부터 극락에서 누리는 행복, 칭명염불·오회염불·관상염불·천도염불 등의 각종 염불수행법과 함께 임종하는 이를 위한 의식과 49재 기간의 행법 등을 자세히 밝히고 있습니다. 불교신앙의 결정판으로, 꼭 1독해야 할 책입니다.

지장신앙·지장기도법 / 김현준 신국판 192쪽 6,500원
지장신앙 속에는 영가천도뿐만이 아니라 현세에서의 행복과 깨달음, 성불의 비결까지 간직되어 있습니다. 이에 준하여 대원본존 지장보살의 중생을 구제, 영가천도기도법, 자녀를 위한 기도, 평온한 삶을 위한 기도, 소원 성취와 고난 극복을 위한 기도 등을 자세히 설명하고 있습니다.

법보시를 원하시는 분은 출판사로 연락 주십시오. 할인혜택을 드립니다.
전화 02-587-6612, 582-6612 팩스 02-586-9078

많이 찾는 기도 독송용 경전

✿

한글 『법화경』과 『법화경 한글사경』

불교 최고 경전인 법화경! 이 경을 독송하고 사경해 보십시오.
소원성취는 물론 깨달음과 경제적인 풍요까지 안겨줍니다.

법화경 (독송용) 김현준 역   4×6배판   총22,000원
전3책 제1·2책 176쪽 7,000원 제3책 192쪽 8,000원

법화경 한글사경 김현준 역   4×6배판   총 22,500원
전5책 각권 120쪽 내외 권당 4,500원

자비도량참법 / 김현준 역   양장본 528쪽 22,000원

불교 최고의 참회법인 자비도량참법!
참되이 참회하시기를 원하십니까? 자비도량참법 기도를 하면 나의 허물과 죄업
의 참회에서 시작하여 부모 스승 친척 등 육도 속을 윤회하는 온 법계 중생의 업
장과 무명까지 모두 소멸시켜줍니다. 이 참법을 행하다 보면 저절로 참회의 마음
이 깊어지고 자비가 충만해지고 환희심이 넘쳐나게 됩니다.

지장경   김현준 편역   4×6배판   208쪽   8,000원

이 책은 지장기도를 하는 분들을 위해
① 지장경을 처음부터 끝까지 1번 독송, ② '나무지장보살'을 천번염송,
③ 지장보살예찬문을 외우며 158배,   ④ '지장보살'천번 염송의
4부로 나누어 특별히 만들었습니다.
지장경 독경 및 지장보살예참과 염불을 할 때, 각 장 앞에 제시된 기도법에 따
라 기도를 하게 되면, 지장보살의 가피 속에서 틀림없이 영가천도·업장소멸·소
원성취·향상된 삶을 이룩할 수 있게 됩니다.

승만경   김현준 역   4×6배판   144쪽   5,500원

부처님과 승만부인이 설한 보배로운 경전!
이 승만경에는 여인의 성불 수기와 함께 승만부인의 서원, 정법을 나의 것
으로 만드는 법, 중생에게 희망과 자비심을 불러 모으게 하는 여래장 사상,
번뇌·법신·일승·사성제·자성청정심에 대해 쉽고도 분명하게 밝혀 불자의
삶과 수행을 바른길로 이끌어주고 있습니다.

무량수경 / 김현준 역
4×6배판 176쪽 7,000원

아미타불은 어떠한 분이며, 극락의 장엄과 멋과 행복은 어떠한가? 극락에 왕생하려면 현생에서 어떻게 닦아야 하는가를 자세하게 설하고 있어, 독송을 하면 신심이 깊어집니다.

아미타경 / 김현준 편역
4×6배판 92쪽 3,500원

아주 큰 활자 번역본으로, 독경 및 '나무아미타불' 염불 방법을 함께 실었습니다. 사찰에서 대중이 함께 독송할 때 또는 집에서 독송할 때 매우 유용합니다.

유마경 / 김현준 역
4×6배판 296쪽 12,000원

보살의 병, 불도란 어떤 것인가? 깨달음의 세계로 들어가는 불이법문, 참된 불국토를 건설하는 방법 등등 매우 소중한 가르침들을 가득 담고 있는 이 경을 읽다보면 마음이 탁 트입니다.

천지팔양신주경 / 김현준 역
4×6배판 96쪽 4,000원

건축·결혼·출산·사업·죽음 등 평생의 삶 중에서 중요한 때마다 이 경을 3~7번 독송하면 크게 길하고 이롭고 장수하고 복덕을 갖추게 된다고 합니다.

원각경 / 김현준 편역
4×6배판 192쪽 8,000원

한국불교의 근본 경전인 원각경을 수십 차례 번역·수정·윤문하여 쉽게 이해할 수 있도록 하였습니다. 한글과 원문을 바로 옆에 두어 대조하며 읽을 수 있습니다.

보현행원품 / 김현준 편역
4×6배판 112쪽 4,500원

행원품과 예불대참회문을 함께 실어 독경 후 행원품에 근거한 정통 108배를 행할 수 있도록 만들었으며, 독송 방법과 대참회의 의미 등도 상세히 설명하였습니다.

금강경 / 우룡스님 역
4×6배판 112쪽 4,500원

책 크기만큼 글씨도 크게 하고 한자 원문도 수록하였으며, 독송에 관한 법문도 첨부하였습니다. 사찰 및 가정에서의 독송용으로 매우 좋습니다.

약사경 / 김현준 편역
4×6배판 100쪽 4,000원

아주 큰 활자로 약사경 한글 번역본을 만들었습니다. 약사경 독경 방법 및 약사염불법도 함께 실어 기도에 도움이 되도록 하였습니다.

관음경 / 우룡스님 역
4×6배판 96쪽 4,000원

커다란 글씨의 관음경 해설과 함께 관음경의 원문과 독송법, 관음 염불 방법 등을 수록하여 관음경의 가르침을 쉽게 이해하도록 하였습니다.

영험 크고 성취 빠른 각종 사경집 (책 크기 4×6배판)

❁

신묘장구대다라니 사경 (50번 사경)   116쪽   4,500원
대다라니를 사경하면 관세음보살님과 호법신장들이 '나'와 주위를 지켜주고
소원성취와 동시에, 행복하고 자비심 가득한 마음을 가질 수 있도록 해줍니다.

약사경 한글사경 (1책으로 3번 사경)   112쪽   4,000원
약사경을 사경하면 약사여래의 가피가 저절로 찾아들어, 병환의 쾌차, 집안
평안, 업장소멸을 비롯한 갖가지 소원을 쉽게 성취할 수 있습니다.

화엄경약찬게 사경 (1책 12번 사경)   112쪽   4,500원
화엄경약찬게를 쓰면 화엄경 한 편을 읽는 것과 같은 공덕이 생긴다고 하였
습니다. 약찬게를 써 보십시오. 수많은 가피가 함께 찾아듭니다.

보현행원품 한글사경 (1책으로 3번 사경)   120쪽   4,500원
행원품을 사경하면 자리이타의 삶과 업장 참회, 신통·지혜·복덕·자비 등을
빨리 이룰 수 있고 세세생생 불법과 함께하며 보살도를 성취할 수 있습니다.

부모은중경 사경 (1책으로 3번 사경)   112쪽   4,500원
부처님께서는 부모님의 은혜를 새기면서 이 경을 쓰게 되면 그 어떤 행보다
큰 공덕이 생겨난다고 하였습니다. 정성 들여 사경하면 뜻하는 바가 이루어
집니다.

천지팔양신주경 사경 (1책으로 3번 사경)   112쪽   4,500원
옛부터 건축·결혼·출산·사업·죽음 등 평생의 삶 중에서 중요한 때마다
읽고 쓰면 크게 길하고 이롭고 장수하고 복덕을 갖추게 된다고 전해지고 있
습니다.

보왕삼매론 사경 (1책으로 50번 사경)   120쪽   4,500원
보왕삼매론을 사경하면 재앙이 소멸됨은 물론이요 생활 속의 걸림돌이 디딤
돌로 바뀌고 고난이 사라져 하루하루가 편안해집니다.

광명진언 사경 (가로쓰기:1080번 사경) 128쪽 5,000원
광명진언 사경 (세로쓰기:1080번 사경) 128쪽 5,000원
눈으로 보고 입으로 외우고 손으로 쓰고 마음으로 새기는 광명진언 사경은
크나큰 성취를 안겨줍니다.

금강경 한글사경 (1책으로 3번 사경) 144쪽 5,500원
금강경 한문사경 (1책으로 3번 사경) 144쪽 5,500원
금강경 한문한글사경 (1책으로 1번 사경) 100쪽 4,000원
요긴하고 으뜸된 경전인 금강경을 사경해 보십시오. 업장소멸과 함께 크나
큰 깨달음과 좋은 일들이 저절로 다가옵니다.

아미타경 한글사경 (1책으로 7번 사경) 116쪽 4,500원
살아 생전 또는 부모나 가까운 분이 돌아가셨을 때 이 경을 쓰면 극락왕생이
참으로 가까워집니다.

반야심경 한글사경 (1책으로 50번 사경) 116쪽 4,500원
반야심경 한문사경 (1책으로 50번 사경) 116쪽 4,500원
반야심경을 사경하면 호법신장이 '나'를 지켜주고, 공의 도리를 깨달아 평화
롭고 안정된 삶이 함께 합니다.

천수경 한글사경 (1책으로 7번 사경) 112쪽 4,500원
천수경을 사경하고 독송하면 천수관음의 가피가 저절로 찾아들어, 업장 및
고난의 소멸과 갖가지 소원을 쉽게 성취할 수 있습니다.

관음경 한글사경 (1책으로 5번 사경) 112쪽 4,500원
관음경을 사경하면 늘 행복이 함께하며, 학업성취 · 건강쾌유 · 자녀의 성공 ·
경제 문제 등에도 영험이 매우 큽니다.

지장경 한글사경 (1책으로 1번 사경) 144쪽 5,500원
지장경을 사경하고 독송하면 영가천도는 물론이요, 각종 장애가 저절로 사
라지고 심중의 소원이 성취됩니다.

아미타불 명호사경 (1책으로 5,400번 사경) 160쪽 6,000원
'나무아미타불'과 '아미타불'을 오회염불법에 따라 외우고 쓰는 특별한 명호
사경집입니다. 집중력을 더하여, 심중 소원 성취에 큰 도움을 줍니다.

관세음보살 명호사경 (1책으로 5천4백번 사경)
지장보살 명호사경 (1책으로 5천번 사경) 각 권 108쪽 4,500원
'관세음보살'이나 '지장보살'의 명호를 쓰면서 입으로 외우고 마음
에 새기면, 관세음보살님과 지장보살님의 가피를 입어 몸과 마음
이 큰 변화를 이루고, 마음속의 원을 능히 성취할 수 있습니다.

알기 쉬운 경전 해설서

❀

생활 속의 천수경 (개정판) / 김현준   신국판 240쪽 8,000원
천수관음이 출현하신 까닭, 천수관음을 청하는 법과 가피를 얻는 법, 신묘장구대
다라니의 풀이와 공덕, 찬탄의 공덕과 참회성취의 비결, 준제기도 및 주요 진언 속
에 깃든 의미, 여래십대발원문 사홍서원 삼귀의 의미 등을 상세히 풀이하였습니다.

생활 속의 금강경 / 우룡스님   신국판 304쪽 9,000원
금강경의 심오한 내용을 알기 쉽게 풀이하고 일상생활과 접목시켜 강설함으로써
삶의 현장에서 금강경의 가르침을 능히 응용할 수 있도록 하였고, 감동을 주는 일
화들을 많이 삽입하여 재미를 더해주고 있습니다.

생활 속의 관음경 / 우룡스님   신국판 240쪽 8,000원
관세음보살보문품인 관음경을 통하여 관세음보살의 본질, 일심칭명과 재난 소멸
법, 공경예배와 소원 성취법, 관세음보살을 관하는 법 등에 대해 여러 가지 영험담
과 함께 감동적으로 풀이하고 있습니다.

생활 속의 반야심경 / 김현준   신국판 240쪽 8,000원
반야심경의 구절구절들을 우리의 생활과 결부시켜 참으로 쉽고 명쾌하게 해석하
였습니다. 공空의 의미, 모든 괴로움의 원인과 해탈법, 색즉시공 공즉시색의 참 뜻,
걸림 없고 진실불허한 삶을 이루는 방법 등을 감동적으로 풀이하였습니다.

예불문, 그 속에 깃든 의미 / 김현준   신국판 256쪽 8,000원
많은 불자들이 궁금해 하였던 오분향의 의미와 지심귀명례하는 방법, 불법승 삼
보의 내용과 문수·보현·관음·지장보살, 십대제자·16나한·5백나한·천이백아라
한·역대조사, 그리고 사부대중의 화합 등을 이 책 속에 모두 담았습니다.

생활 속의 보왕삼매론 / 김현준   신국판 240쪽 8,000원
『보왕삼매론』을 해설한 이 책은 병고 해탈, 고난 퇴치, 마음공부와 마장 극복, 일
의 성취, 참사랑의 원리, 인연 다스리기, 공덕 쌓는 법, 이익과 부귀, 억울함의 승화
등 누구나 인생살이에서 겪게 되는 장애들을 속 시원하게 뚫어주고 있습니다.

화엄경약찬게 풀이 / 김현준   신국판 216쪽 7,000원
화엄경약찬게를 그냥 읽으면 참으로 어렵고 무슨 내용인지 알 수 없지만 이 풀이
를 본 다음에 읽으면 약찬게를 명확히 파악할 수 있게 될 뿐 아니라 화엄경의 내용
까지 꿰뚫어 환희심이 샘솟고 대화엄의 세계에서 노닐 수 있게 됩니다.

범망경 보살계 / 일타스님   신국판 508쪽 17,000원
일타스님 일평생의 역작. 십중대계와 48경계를 명쾌하고 간절하게 풀이한 이 책을
읽다 보면 어둔 밤에 밝은 등불을 만난 것과 같은 환희심과 함께 참된 불자의 길
을 알 수 있게 됩니다.

불자들이 꼭 알아야 할 불교근본교리

사성제와 팔정도 / 김현준   국판 240쪽 8,000원
부처님께서 중생들로 하여금 가장 빨리 깨달음과 행복의 길로 나아가도록 하기 위해 창안하신 사성제와 팔정도. 이 불교의 핵심교리에 대해 많은 이야기를 섞어 알기 쉽고 분명하게 풀이하였습니다.

삼법인 · 중도 / 김현준   국판 160쪽 5,500원
우리의 삶이 제행무상이요 제법무아임을 확실히 체득하게 되면 능히 열반적정을 이루게 된다는 것을 밝힌 삼법인과, 중도란 무엇이며 중도 속의 수행과 삶 등에 대해 명확하게 해설하고 있습니다.

인연법 / 김현준   국판 224쪽 8,000원
가장 많이 쓰는 단어인 인연! 이 인연을 삶·괴로움·진리·마음씨·희망·행복·기도성취 등과 연결시켜 살펴봄으로써 우리의 삶을 한없이 윤택하게 만들어 주고 있습니다. 12연기법도 쉽게 풀이하였습니다.

육바라밀 / 김현준   국판 192쪽 6,500원
보시·지계·인욕·정진·선정·반야의 육바라밀에 대해, 그 원리에서부터 구체적인 실천방법까지를 재밌게 서술함으로써, 깨달음 깊은 삶과 복되고 청정한 삶의 길로 나아갈 수 있게 하였습니다.

자비 실천의 길 사섭법 / 김현준   국판 192쪽 6,500원
참된 평화와 행복을 안겨주는 사섭법인 보시·애어·이행·동사섭이 필요한 까닭에서부터, 어떻게 하여야 사섭법을 잘 실천하고 응용하고 성취할 수 있는지를 자세히 풀이하고 있습니다.

- -

참 생명을 찾는 경봉스님 가르침 / 김현준   신국판 192쪽 6,500원
경봉스님의 참 생명을 찾는 공부 방법과 도와 인생의 실체, 사바세계를 무대로 멋있게 사는 법 등을 다양한 이야기와 함께 재미있게 설하였습니다.

도와 함께하는 행복과 성공 / 김현준   신국판 160쪽 5,500원
경봉스님 법어집. 행복은 어디에 깃들며, 어떻게 할 때 성공하는가? 복 짓는 법과 성공에 가장 필요한 것이 무엇인지를 잘 깨우쳐주고 있습니다.

바보가 되거라 (경봉큰스님 일대기) / 김현준   신국판 220쪽 7,500원
이 책을 펼쳐들면 지혜의 눈과 깊은 자비심으로 중생의 자유로운 삶을 일깨웠던 이 시대 최고의 도인 경봉스님을 만날 수 있게 됩니다.

삶의 향기를 더해주는 일타큰스님의 법문집

❀

초심-시작하는 마음
신국판 272쪽 9,000원
보조국사의 『계초심학인문』을 알기 쉽게 풀이한 책. 불교를 믿는 초심자들이 가장 먼저 읽었던 계초심학인문을 풀이한 이 책을 읽게 되면 진리를 향한 첫걸음을 쉽게 옮길 수 있습니다.

발심수행장-영원으로 향하는 마음
신국판 240쪽 8,000원
원효대사의 발심수행장을 풀이한 이 책을 읽다 보면 지금 여기에서 영원과 행복의 문을 여는 비결, 나와 남을 함께 살리는 길, 깊은 신심을 이루고 참된 발심을 하는 방법을 터득할 수 있습니다.

자경문-자기를 돌아보는 마음
신국판 280쪽 9,000원
야운스님의 자경문을 풀이한 책으로, 인간이 윤회하는 까닭, 참된 나를 찾는 묘법, 해탈을 이루는 비결, 공부할 때의 마음가짐과 하심법, 자비평등심, 깨침의 원리 등을 상세히 밝혀 놓았습니다.

윤회와 인과응보 이야기	신국판 240쪽	8,000원
불자의 마음가짐과 수행법	신국판 192쪽	6,500원
부드러운 말 한마디 미묘한 향이로다	신국판 240쪽	8,000원
불자의 기본 예절	신국판 160쪽	5,500원
오계이야기	신국판 160쪽	5,500원

읽을수록 신심을 북돋우는 책

❀

육조단경 / 김현준
4×6배판 208쪽 8,000원
육조 혜능대사께서 설한 선종의 근본 경전으로 인간의 참된 본성을 보게 하여 마음을 치유하고 깊은 깨달음을 열어주는 불자의 필독서입니다.

선가귀감 / 서산대사·김현준
4×6배판 136쪽 5,500원
선수행 뿐 아니라 참회·염불·육바라밀 등의 요긴한 가르침을 일목요연하게 정리하여 불자들의 신심과 정진에 큰 도움을 주는 소중한 책입니다.

석가 우리들의 부처님 / 김현준	신국판 240쪽	8,000원
아! 일타큰스님 / 김현준	신국판 240쪽	8,000원
사찰 그 속에 깃든 의미 / 김현준	신국판 320쪽	10,000원

리틀 붓다, 행복을 찾아서 / 클라우스 미코슈 지음·김연수 옮김
재치와 감동과 따뜻함이 있는 이야기. 지혜로운 삶에 관한 이야기. 꿈과 성취와 행복이 담긴 이야기. 소중한 삶의 주제들로 가득 채워진 이 책을 읽다 보면 진정한 행복이 무엇인지를 깨닫게 되고, 우리의 불성이 깨어나고 있음을 느낄 수 있게 됩니다.
컬러양장본 184쪽 12,000원